砂与火之歌

丝路玻璃文化

CULTURE OF
ANCIENT GLASS ALONG
THE SILK ROAD

丝　路　玻　璃　文　化

长沙博物馆○编

喻燕姣○主编

广西美术出版社

砂与火之歌——丝路玻璃文化展

图录编纂委员会

主任：周慧雯

副主任：刘 瑜

委员：王立华 邱东联 张海军 陈 卓 王文彬

特邀主编：喻燕姣

副主编：刘 琦

图录设计：谢俊平

摄影：刘 琦 黄 翼(动脉影) 朱 宇 金 明

展览筹备委员会

指导单位：日本国驻华大使馆 中国文物交流中心

主办单位：中共长沙市委宣传部 长沙市文化旅游广电局

策展单位：日本黄山美术社

承办单位：长沙博物馆 日本平山郁夫丝绸之路美术馆 湖南博物院 合浦汉代文化博物馆 甘肃省文物考古研究所

南越王博物院 广州博物馆 广州市文物考古研究院 南阳文物保护研究院

协办单位：北京鉴钟文化传播有限公司 博物馆奇妙物

总策划：周慧雯 执行策划：刘 瑜

学术顾问：李青会 策展人：喻燕姣

项目负责人：董远成 助理策展人：刘 琦

内容方案撰写：喻燕姣 许宁宁 刘 琦 陈 锐 李明洁 王 卉 申国辉 温星金 欧阳小红

内容方案统稿、校订：喻燕姣 艺术设计：杨录意 梁晓轩

玻璃制作工艺绘图：胡敏怡 展览制作：文雨恒 黄 爱 孙 田

展品组织：陈建中 刘振华 方昭远 覃 璇 韩云鸽 曾广楷 谢 焱 何东红 向晋艳 崔 华 邝桂荣 宋 平 罗玮娜 何枰凭 马湘蕾

展品保护：阳 帆 周 珺 宣传推广：邓晓丽 万国珍

网站和新媒体宣传：浦英晖 教育活动：刘晴贤 张晓璇

开放管理：邓 科 黄靖宜 安全管理：曹 前 慎 广

行政保障：王文彬 周 韵 日常维护：刘 凯 方 芳 庞 湘

探索 与 研究

目录

图 录

"砂与火之歌——丝路玻璃文化展"
开幕式致辞

中国文物交流中心主任·谭平

　　农历八月的长沙，正是"万山红遍，层林尽染"的美好季节，期待已久的"砂与火之歌——丝路玻璃文化展"终于在丹桂飘香的湖湘大地隆重开幕，我谨代表中国文物交流中心对此表示热烈祝贺，向为展览筹备付出辛勤劳动的中日双方文博机构和工作人员致以崇高敬意！

　　2000多年前，亚欧大陆上勤劳勇敢的人民，探索出多条连接亚、欧、非几大文明的贸易和人文交流的通路，后人将其流称为"丝绸之路"。丝绸之路把中国和沿线各国紧紧联系在一起，创造了人类交往交流交融、文明互鉴的不朽传奇。本次展览集中展示了日本平山郁夫丝绸之路美术馆收藏的325件（套）世界古代玻璃器以及国内出土的部分玻璃器，以时间为轴、丝路为线，展现了谱写于亚欧大陆的恢宏叙事诗，反映了玻璃器沿着丝绸之路传播发展的历程，体现了古代各文明之间科学技术、材料工艺、多边贸易、思想文化、艺术审美的传播、演变、交流和融合，为东西方文明交流互鉴提供了实证，有助于广大观众更直观地理解丝绸之路的文化意义与历史意义。

　　因此，我们倡导，文明因交流而多彩，文明因互鉴而丰富。文明交流互鉴，为人类文明的创造性发展注入了生生不息的动力。我们相信，展览将为观众带来一场玻璃艺术之美和文化交流之美的精神盛宴，为扩大中日文化交流、传播丝路文化注入新的动力。

　　2022年是中日邦交正常化50周年，衷心期待新老朋友以本次展览为契机，为促进中日两国文化交流多做贡献，为推动构建人类命运共同体注入精神文化力量，共同书写人类文明发展的新篇章。

　　"夜阑风静欲归时，惟有一江明月碧琉璃。"展览之际，正逢中国传统佳节中秋，让我们共祝展览圆满，同享佳节愉快！

2022年9月9日

在2022东亚文化之都·中国长沙文化活动周 暨"砂与火之歌——丝路玻璃文化展" 开幕式上的讲话

中共长沙市委常委、市委宣传部部长·陈澎

千年风华长沙，今朝东亚文都。很高兴和大家相聚长沙博物馆，参加2022东亚文化之都·中国长沙文化活动周暨"砂与火之歌——丝路玻璃文化展"开幕式。在此，我谨代表长沙市向各位领导、各位嘉宾致以热烈欢迎和诚挚问候！向长期以来关心、支持长沙文化旅游事业发展的各界朋友表示崇高敬意和衷心感谢！

2012年，中日韩三国携手打造国际城市新名片，创建了重要国际区域文化合作品牌——"东亚文化之都"。2016年，中国长沙与日本京都、韩国大邱共同当选"2017东亚文化之都"，这也是长沙市第一张国际性文化名片。获评"东亚文化之都"以来，长沙和京都、大邱一起秉承"共生·创新·和谐"的理念，坚守"东亚意识，文化交融，彼此欣赏"的宗旨，不断加强中日韩三国间的文化联系，持续讲述东亚文化交往、交流、交融故事，为中日韩三国人民架起了一座友谊之桥、合作之桥。

"东亚文化之都"创建工作开展已经10周年，为持续擦亮这一文化品牌，不断扩大国际影响力，我们希望通过举办系列活动，充分展示中华文明的博大包容性与伟大创造力，以及人类古代文明史、科技发展史、艺术史和贸易交流史的相关内容，从中窥见东西文明交流互鉴的现实意义。

文明因交流而多彩，因互鉴而丰富。中日韩三国地缘相近且文脉相通，"文都"这一文化桥梁凝聚着三方的文化共识，推动着三方文化不断产生共振，城市间的文化合作和人文交流不断加强。我们将以本次长沙文化活动周为新的起点，进一步增进共识、深化交流、推进合作，特别是以文化合作带动经贸合作、以城市交流带动区域交流、以官方互动带动民间互动，让彼此的友谊薪火相传、交流常态开展、发展互惠共赢，共同谱写中日韩三国文化交流、友谊接力新篇章！

最后，祝系列文化活动圆满成功！祝京都、大邱、长沙的友谊长青！祝各位领导、各位嘉宾身体健康、万事胜意！谢谢大家！

2022年9月9日

"砂与火之歌——丝路玻璃文化展"
开幕式致辞

日本平山郁夫丝绸之路美术馆馆长·平山东子

非常感谢大家今天能莅临"砂与火之歌——丝路玻璃文化展"的开幕式。

对于此次展览能在有着悠久历史和传统的湖南省省会长沙市盛大举办，我表示衷心的感谢和祝贺。

此次展览介绍的是古西亚、中亚以及中国等丝绸之路沿线地区和国家中玻璃作为交易品被极为珍视的历史。玻璃的历史悠久，距今3500年前开始，在古代地中海沿岸和西亚发展起来，波斯制作的玻璃器皿经过丝绸之路，被带到了唐代的中国和奈良时代的日本。在本次展览中，我们从本馆竭尽全力收集的文物系列之一，即丝绸之路玻璃器物中挑选了325件（套）展示给大家。希望大家通过这些玻璃能感受到丝绸之路文物的美和辉煌，体会到古代人们倾注心血的手工艺之精湛。

近几年，在世界范围内发生各种各样的灾难，很多交流被切断，海外展的举办也越发艰难。尽管如此，长沙博物馆还是在两年前的夏天，在此种境况下举办了我馆的丝绸之路文物展。并且，在两年之后的今天，再次举办了丝绸之路玻璃展，我们不胜感激。

特别是今年，正值贵国与我国建交50周年，也是长沙成为"东亚文化之都"5周年，作为纪念这两个周年的展览，希望能进一步加深贵国与我国之间的友谊和友好交流，也衷心希望能为两国更进一步的交流起到作用。

在此向日本国驻华大使馆、中国文物交流中心、长沙市人民政府、中共长沙市委宣传部、长沙市文旅广电局、日本黄山美术社、长沙博物馆、湖南博物院、北京鉴钟文化传播有限公司等，及所有为展览做出努力的人士表示衷心的感谢，我的致辞到此结束。

2022年9月9日

"砂与火之歌——丝路玻璃文化展"
开幕式致辞

长沙博物馆馆长·周慧雯

　　"砂与火之歌——丝路玻璃文化展"是长沙博物馆作为城市博物馆不断丰富市民文化生活，提供公共文化服务的具体举措。通过小玻璃看大世界，"砂"与"火"的碰撞和融合成就了精美绝伦的玻璃器。本次展览共展出日本平山郁夫丝绸之路美术馆、湖南博物院、甘肃省文物考古研究所等单位收藏的380件（套）精美展品，展品涵盖了从古代埃及、东地中海、两河流域到中国等地具有代表性的玻璃器，充分体现了丝绸之路上精湛的玻璃工艺和多彩的文化特色。

　　本次展览，我们进行了创新和尝试：在展览策划上，我们力求突破，在既有的展览框架上提取"砂与火"定为展览主题，打造展览的品牌形象；在展陈内容上，用中国视角讲述世界故事，创造性地加入了国内50多件（套）具有代表性的玻璃器，与世界各地的玻璃精品争奇斗艳；在学术活动上，携手湖南博物院、中国科学院上海光机所进行了玻璃器检测研究，突出了展览的学术价值。通过这些创新和突破，进一步提升了展览内涵和品质，展现了长沙博物馆作为城市文化风向标的蓬勃生机。

　　习近平总书记在给中国国家博物馆老专家的回信中提到，"博物馆是保护和传承人类文明的重要场所""坚持正确政治方向，坚定文化自信，深化学术研究，创新展览展示，推动文物活化利用，推进文明交流互鉴"。本次展览是长沙博物馆引进的境外展览，是长沙博物馆"世界文明"展览体系建设之路上的又一力作，进一步增强了长沙博物馆的行业影响力，同时也凸显了长沙博物馆以文物交流助力文化交流、助力长沙文旅名城建设的国家一级博物馆的担当。

　　一个展览的背后，凝聚着各位领导的关怀与无数工作人员的付出，在这里衷心感谢中国文物交流中心、日本黄山美术社、湖南博物院、北京鉴钟文化传播有限公司等单位的鼎力支持。

　　"海上生明月，天涯共此时。"中秋即将来临。千年玻璃，流光溢彩，熠熠生辉。丝路玻璃文化展是一份中秋文化大礼，期待与你相遇。

2022年9月9日

图 录

前言

如果说美玉是源于大自然的造化，那么玻璃就是诞生于人类的智慧与巧思。4000年前，那一次砂与火的凝结，向世人打开了一扇绚丽多彩的窗户。透过它，世界变得清澈通透，仿佛触手可及；关上它，又向往那五彩斑斓的神秘，不能自已。玻璃，就这样在不经意间向世人展现了它的惊世容颜。

在西方，地中海东岸地区是最早的玻璃制造中心之一，护身驱邪的"蜻蜓眼"，精巧细致的"马赛克"玻璃工艺，罗马的自由吹制技术等，无不彰显玻璃制造业的繁荣兴盛。在东方，西周工匠已经掌握了费昂斯制作技术，在珠玉组佩中广泛使用；战国时期，工匠又将东方艺术融入玻璃制作当中，创造了璧、环、剑饰等仿玉风格器物。

伴随海陆丝绸之路的逐步开辟，形色多样的玻璃器开始往来于东西方商贸之中。陆路，有横穿高山大漠的驼队；海路，有扬于碧海蓝天的风帆。沿着丝绸之路前行，玻璃成为连接东西方文明交流的纽带，推动了文化间的传播、融合与发展。

本展览汇聚日本平山郁夫丝绸之路美术馆、湖南博物院、长沙博物馆等8家文博机构的380件（套）世界古代玻璃器，以玻璃工艺的发展历史为线索，呈现东西方之间玻璃文化交流的历史图景，彰显文明因交流而多彩、文明因互鉴而丰富的世界智慧。

初现

大漠积聚风沙，天空降下雷火。

4000年前，那次砂与火的碰撞，凝结出了五彩斑斓的世界。

玻璃，缓缓走来。

玻璃最早出现于两河流域和埃及，直到公元前16世纪后，玻璃器才于伊朗高原以及希腊爱琴海诸地广泛使用。

早期玻璃制品是显示地位和财力的贵重贸易品。工艺的差别使玻璃器成为探讨古代工艺和各国之间贸易、文化交流的重要见证物。

玻璃，人类第一种真正意义上的合成材料，值得铭记。

第一单元 兴起

公元前3千纪 — 公元前9世纪

早期玻璃工艺

玻璃是一种呈固体的非晶态人造材料，无固定熔沸点，在软化温度范围内具有较强的可塑性。

最初玻璃器很小巧，大多用卷芯成型法技术制作而成。

美索不达米亚地区（即两河流域）的工匠发明了五彩斑斓的马赛克玻璃器，迈锡尼文明创造了很多用模具制作的吊坠、薄片造型的饰品等。

早期玻璃器生产规模小、制作难度大、产量较低，故成为极其珍贵之物。

缠绕法

　　缠绕法，是将玻璃料条在火焰上烤到可塑状态，然后缠绕到金属棒上，在玻璃固化之前置于铁板上滚动压成球状的方法。为了便于将冷却后的玻璃珠从金属棒上取下来，一般在金属棒上附着一层黏土或其他材料。以这种方法制成的珠子形态多不规整，有时能看到玻璃珠体缠绕的痕迹，珠子穿孔的内壁往往残留黏土，在珠体表面会看到与穿孔垂直的条纹。一些体积较大的圆形、扁圆形玻璃珠是采用缠绕法制成的。

◀ 采用缠绕法制造的玻璃项链

公元前16—前13世纪
长58厘米
北美索不达米亚
日本平山郁夫丝绸之路美术馆藏

【说明】这串玻璃项链是用缠绕法制造而成。后世许多玻璃珠子多采用缠绕法制造。

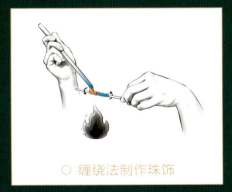

○ 缠绕法制作珠饰

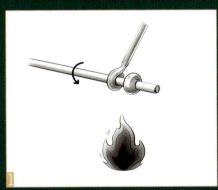

1

2

○ 缠绕法工艺示意图

1. 将熔融的玻璃料条一头缠绕在附着有黏土或其他材料的金属棒上形成闭合的珠子。
2. 待珠子完全冷凝后将其依次从金属棒上取下即为成品珠子。

卷芯成型法

卷芯成型法早在公元前16世纪就被运用在玻璃容器的制作中，公元前15世纪的埃及玻璃工匠也已熟练掌握这项技术。与此同时，美索不达米亚的玻璃工匠也掌握了此种技法，并生产出外观相似的具有羽毛或波浪纹的玻璃容器。这项技术在公元前13世纪末左右衰退，而后于公元前8世纪下半叶在美索不达米亚地区复兴，并在其后的很长一段时间内流行于世界各地。

○ 卷芯成型法工艺示意图

1. 在金属棒上用黏土或其他材料做出内芯。

2-1. 在内芯上缠绕半熔融的粗玻璃条围出大致器形，并将其压匀、平整，冷却后得到玻璃质的壳体。

2-2. 或将内芯浸入玻璃熔液中，使得玻璃液均匀包裹内芯，冷却成型后也可得到玻璃质的壳体。

3. 在冷却或半冷却的壳体上缠绕半熔融的细玻璃装饰条。

4. 趁未冷凝状用金属钩针勾出波浪纹。

5. 趁未冷凝状在金属板上反复碾轧，表面碾平后，将花纹嵌入其中。

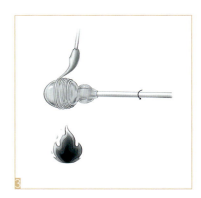

➤ 采用卷芯成型法制造的玻璃容器残片

公元前15—前14世纪（新王国时代）

长1.47—6.9厘米，宽1.96—22.6厘米

埃及

日本平山郁夫丝绸之路美术馆藏

马赛克技术

马赛克技术最早见于公元前15—前10世纪的美索不达米亚地区。它是指玻璃工匠以各色玻璃拼贴制作精细的图案，并稍加熔合形成整块，再经塑形、拉制后切割打磨。这类玻璃制品颜色丰富，纹饰精美，通常用于镶嵌装饰。

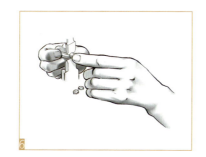

➤ 马赛克树木纹图案玻璃残片

公元前14—前13世纪（米坦尼王国）
高4.6厘米，宽3.2厘米，厚0.7厘米
美索不达米亚
日本平山郁夫丝绸之路美术馆藏

【说明】这是世界上最早的马赛克玻璃之一，可能是玻璃酒杯的一部分。

○ 马赛克工艺示意图

1. 用切割好的各色玻璃料块拼出设计的图案。
2. 用容器约束后加热使其相互黏合定形。
3. 将黏合好的片料用玻璃液黏在棒上，趁热在金属板上来回滚动进一步黏合塑形。
4. 将另外一头也用玻璃液黏在棒上。
5. 加热至塑形状态后继续拉成棒料。
6. 将棒料切片为马赛克花片待用。

04

模具铸造法

用陶、石或金属制作模具，将玻璃熔化后迅速倒入模具中压制成型，冷却后可得到玻璃铸件，并做修整、抛光处理。此法可快速生产具有相同纹饰的饰品或器皿。但由于古代对技术控制不精确，常会出现铸缺、漏铸等缺陷。

> ### ➤ 模具铸造的玻璃串珠

公元前14—前13世纪
长28厘米，宽5.5厘米
迈锡尼
日本平山郁夫丝绸之路美术馆藏

【说明】以开放模具铸造而成的方形蓝色玻璃珠，两端有穿孔，表面装饰了重瓣花朵。

○ 模具铸造法工艺示意图

1. 雕刻模具。

2. 制成模具。

3. 倒入熔融的玻璃液。

4. 冷却取出。

公元前16—前13世纪，早期玻璃器受生产技术限制，多小巧。

工匠以玻璃模仿宝石珠饰，制作个人佩戴的装饰品，如吊坠、串珠、护身符、耳环等；抑或以玻璃效仿陶器或石器，制作用来盛放昂贵的化妆品或药剂器物；此外，也制作小件雕塑品和镶嵌物。

早期玻璃作为珍贵的奢侈品，是泛地中海和西亚区域进行贸易往来与文化交流的重要商品。

玻璃的

初兴

02

01

仿宝石饰品

——两河流域的玻璃项链（3串）

【说明】这是一组仿宝石的玻璃项链，主要采用缠绕法制成。公元前16世纪玻璃工艺产生之后，美索不达米亚（即两河流域）的工匠们对其色彩和样式进行了广泛的实验。工匠们通过在玻璃的原料中加入特定的化合物，使其呈现不同的颜色。当时的玻璃被视为极其宝贵的物质，其价值足可与各类宝石、黄金、珍珠相媲美，所以被用来模仿不同的宝石饰品，如浅蓝色的绿松石、深蓝色的青金石、有纹理的玛瑙等。

➤ 仿玛瑙玻璃项链

公元前16—前13世纪

长52厘米

北美索不达米亚

日本平山郁夫丝绸之路美术馆藏

局部特写

主珠局部特写

局部特写

仿青金石玻璃项链
（局部特写）

仿绿松石玻璃项链
（局部特写）

▲ **仿绿松石玻璃项链**

公元前16—前13世纪

长56厘米

北美索不达米亚

日本平山郁夫丝绸之路美术馆藏

▲ **仿青金石玻璃项链**

公元前16—前13世纪

长59.2厘米

北美索不达米亚

日本平山郁夫丝绸之路美术馆藏

乌瑟克项圈风格饰品
——玻璃领饰（2串）

【说明】这是2串具有典型地中海东部风格的玻璃领饰。一串是利用玻璃模仿珍贵的绿松石和青金石的色彩，由深浅不一的蓝色联排玻璃多孔扁珠、管状珠、枣核形珠等形状的珠子组成。另一串除蓝色珠子以外，还串以模仿玛瑙纹理的珠子。联排珠子使用模具制作，背面扁平，上下两管穿孔。古埃及人酷爱首饰，贵族达官佩戴着五光十色的珠宝首饰，其中以乌瑟克大型项圈领饰最为典型，可覆盖前胸和肩膀，男女老幼均可佩戴。这些珠宝首饰既可以增添美感，又象征着社会地位、财富和身份。

▼ **玻璃领饰**

公元前16—前13世纪
长57厘米
北美索不达米亚
日本平山郁夫丝绸之路美术馆藏

背视图

局部特写

▼ 玻璃领饰

公元前16—前13世纪

长35厘米

北美索不达米亚

日本平山郁夫丝绸之路美术馆藏

03
拥有灵力的护身符

【说明】模具铸造的挂坠。垂直悬挂孔从头顶至颈部上下贯穿。这种头形挂坠，通常用以表现神、精灵的脸和大眼睛，或者恶魔的面具和脸，被认为有灵力，能保护持有者不受伤害，是消灾避难的护身符，对后世的腓尼基人产生了重要影响。

▼ **人头形玻璃挂坠**

公元前14世纪
高2厘米，宽1.7厘米
北美索不达米亚
日本平山郁夫丝绸之路美术馆藏

爱神与战争之神护身符

▼ 伊什塔尔之星玻璃吊坠

公元前14—前13世纪

高5.6厘米，宽4.6厘米，厚0.8厘米

北美索不达米亚

日本平山郁夫丝绸之路美术馆藏

【说明】这件圆盘吊坠是用模具铸造而成。从叙利亚-巴勒斯坦海岸到希腊迈锡尼，整个地中海东部都出土了类似吊坠。图案为带有8条光芒的金星，每条光芒之间均匀分布着圆点装饰。八角星图案与西亚神话中的女神伊什塔尔有关。伊什塔尔在美索不达米亚人的信仰和思想观念中有重要地位，是星神之一。

背视图

被精心装饰的玻璃器

【说明】这是一件由模具铸造的玻璃残片，工匠精心地将金箔覆盖在食草动物上，宛如雕塑一般。在器物表面贴金箔的工艺早在埃及前王国时期就已经出现。这种装饰手法一方面为玻璃器增加了更多的观赏性，另一方面说明了玻璃器与黄金在当时都是贵重物品。

▼ **覆盖金箔浮雕动物镶嵌物的玻璃器**

公元前14世纪
长2.2厘米，宽2.5厘米
北美索不达米亚
日本平山郁夫丝绸之路美术馆藏

独特的迈锡尼风格饰物
——花朵植物纹玻璃串饰(2串)

【说明】由模具铸造的深浅不一的蓝色透明玻璃珠是迈锡尼风格的独特饰物，作为项链或者头饰被广泛使用。珠子根据装饰的位置，或两端有穿孔，或顶部横穿小孔。表面装饰以细密的连珠形成的涡卷纹饰，或四瓣花朵，这种纹饰是风格化的常春藤叶子。另外一种常见的样式是中间一个横着的桃心。通过对出土的迈锡尼风格串珠的化学成分进行材料溯源，证明埃及和地中海之间的交流与贸易频繁。

▲ **涡卷纹玻璃串珠**

公元前14—前13世纪
长21.5厘米，宽6.5厘米
迈锡尼
日本平山郁夫丝绸之路美术馆藏

▲ **玻璃串珠**

公元前14—前13世纪

长55厘米

迈锡尼

日本平山郁夫丝绸之路美术馆藏

07

细节特写

神殿的装饰品

【说明】这是一件白色螺旋状纹装饰的蓝色玻璃镶嵌物，系采用卷芯成型法制成。除玻璃容器外，玻璃还被制作成玻璃釉砖、玻璃条等物件，大规模用作宫殿、神庙、贵族墓葬的装饰品，是贵族专属的奢侈品。在伊朗西南部乔加·赞比尔（Tchogha Zanbil）的神庙和宫殿遗址中出土了几件相似的圆筒形玻璃器，被用来装饰古代埃兰王国神殿木门。根据其形态、风格可以断定，玻璃工匠或许是从美索不达米亚地区学习了这种制作技术。

◀ **圆筒形玻璃器**

公元前14—前13世纪
长25.5厘米，直径1.7厘米
伊朗西南部（古埃兰）
日本平山郁夫丝绸之路美术馆藏

08

早期卷芯成型的代表

【说明】这件器物是早期卷芯成型玻璃的代表。卷芯成型技术产生于公元前16世纪，被长时间广泛使用。现今所知第一件用这种工艺制作的玻璃器产生于古埃及地区。卷芯成型法不仅费时，而且对工匠的制作水平要求极高，所以只有很少一部分人掌握了这门技术。卷芯成型玻璃器皿主要用来盛放昂贵的香油、香料和化妆品。器物上常见的羽毛般的纹样，是工匠在没有完全冷凝的玻璃器体上用工具朝一个方向用力划动，从而形成的弯曲连缀的纹路。这类纹饰是当时流行的样式。卷芯成型的玻璃器随后在多个制作中心生产，体现了制作技术及审美观念的传播。

▲ **波浪纹玻璃长颈尖底瓶**

公元前15世纪

高12.5厘米，腹径6.4厘米

北美索不达米亚

日本平山郁夫丝绸之路美术馆藏

细节特写

09

串饰

【说明】甘肃崇信于家湾墓葬群有大量先周至西周时期墓葬，这是M130出土的串饰，包括费昂斯珠3颗、绿松石珠37颗。费昂斯珠为素面，是当时礼制组玉佩中的一种不多见的材质，稀少而名贵。

费昂斯串珠

➤ 费昂斯与绿松石串珠

西周早期
总长20厘米
平凉崇信于家湾M130出土
甘肃省文物考古研究所藏

发展

玻璃走到这里，已逾千年。

埃及玻璃工匠发明的卷芯成型法和模具铸造法，已广泛用于制作生活器具与装饰品。

新亚述时期，透明玻璃出现，用于仿制天然水晶，制作昂贵奢侈品。阿契美尼德（Achaemenid）王朝制作出了模仿贵金属器物造型的玻璃酒具。

同时，寓意祈福辟邪的蜻蜓眼玻璃珠、头形玻璃珠也广泛流行，成为欧亚大陆商贸往来的重要商品。

蜻蜓眼玻璃珠于公元前5世纪传播到长江黄河流域，是这个时期东西方文化交流融合的最佳例证，推动了当地玻璃制造业的发展，仿玉风格的玻璃器就是例证。

第二单元

公元前9世纪—公元前5世纪

传播

新亚述与阿契美尼德 王朝的玻璃

公元前9世纪，新亚述等强大帝国不断崛起，经贸活动欣欣向荣。

玻璃制作技术向前发展，卷芯成型工艺走向成熟，宝石切割加工技法趋于完善。玻璃制品产量增加，传播更加广泛。

模拟水晶材质的无色透明玻璃器，以及用模具铸造工艺制作的仿贵金属器物外形的玻璃器在阿契美尼德王朝广受欢迎并在西亚地区广泛传播。

起源于埃及的用于装香水或昂贵化妆品的小型玻璃瓶，则流行于地中海东部地区，并成为古代世界商贸往来的重要商品之一。

双耳尖底香水香油玻璃瓶（2件）

【说明】表面饰有细密的波浪纹，造型模仿陶器，是西亚地区典型的双耳尖底玻璃瓶。均使用卷芯成型法制作而成，是用于装香水或香油的小型容器。

▲ 双耳尖底玻璃瓶

公元前8—前7世纪（新亚述帝国）
高11厘米，腹径6.5厘米
北美索不达米亚
日本平山郁夫丝绸之路美术馆藏

▶ 双耳尖底玻璃瓶

公元前8—前7世纪（新亚述帝国）
高11.5厘米，腹径5.8厘米
北美索不达米亚
日本平山郁夫丝绸之路美术馆藏

圆筒玻璃印章

【说明】用宝石切割加工技术制成的淡蓝色透明玻璃圆筒印章。中央刻有圣树，圣树上方刻有主神阿胡拉·玛兹达的形象，左右两边描绘了王侯跪拜的画面。中心有纵向钻孔，以便佩戴。印章是象征所有权或身份的标志。

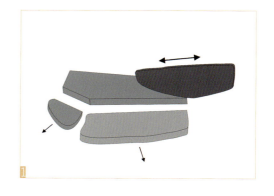

➤ 圆筒玻璃印章

公元前7—前6世纪（新亚述帝国）

长3厘米

北美索不达米亚

日本平山郁夫丝绸之路美术馆藏

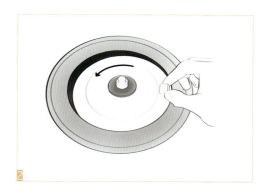

纹饰印模

○ 宝石切割加工工艺示意图

1. 切割玻璃料块为小块或小片，分割玻璃片为需要的形状。

2. 按照宝石加工方法磨制外形。

3. 在表面雕刻纹饰和图案。

各种形制的装香水或香油的玻璃瓶

用卷芯成型法制作的玻璃小瓶，主要用于装香水和香油，包括阿拉巴斯通、小安佛拉、阿里巴罗斯、因纳霍伊等多种类型，广泛流行于地中海东部地区。

双耳尖底玻璃瓶

公元前6—前4世纪（阿契美尼德王朝）
高8.7厘米，腹径5.6厘米
地中海东部地区
日本平山郁夫丝绸之路美术馆藏

【说明】整体呈水滴状。底色为深蓝色，瓶身有黄色和浅蓝色的锯齿状纹路，这是卷芯成型玻璃较为典型的纹饰。此种器型名为小安佛拉（Amphoriskos），用于装盛香水或香油，在地中海东部地区极为流行。

双耳球形/扁球形玻璃瓶（2件）

【说明】一件呈球形，以深蓝色玻璃为底色，上有黄色和浅蓝色的锯齿状纹路，这是卷芯成型玻璃较为典型的纹饰；一件形状稍扁，瓶身装饰有黄白两色羽毛纹。此组器物被称为阿里巴罗斯（Aryballos），意为球形香水瓶，其造型源自古埃及双耳球形玻璃瓶，通常用来盛放香水或香油。

▼ 双耳球形玻璃瓶

公元前6—前4世纪（阿契美尼德王朝）
高7.2厘米，腹径6.2厘米
地中海东部地区
日本平山郁夫丝绸之路美术馆藏

▼ 双耳扁球形玻璃瓶

公元前5—前3世纪
高8.7厘米，腹径6.6厘米，厚4.1厘米
地中海东部地区
日本平山郁夫丝绸之路美术馆藏

单柄玻璃壶（2件）

【说明】壶颈优雅，壶嘴呈三叶形，带状把手连接壶嘴和壶肩，壶身有锯齿状玻璃丝缠绕，是典型的卷芯成型玻璃。此组器物被称为因纳霍伊（Oinochoe），名称源自希腊陶制酒坛（Oenochoe），意为酒壶形香水壶，是盛放香水、香油的小型容器。

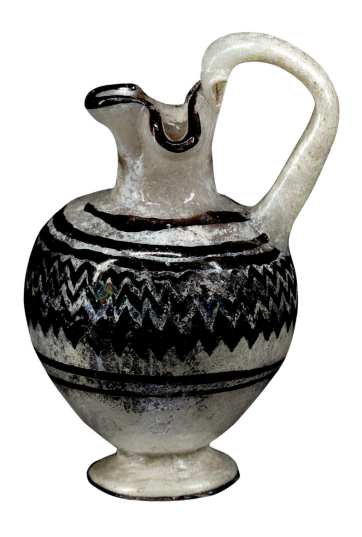

▲ **单柄玻璃壶**

公元前6—前4世纪（阿契美尼德王朝）
高8.5厘米，总宽5.2厘米
地中海东部地区
日本平山郁夫丝绸之路美术馆藏

◀ **单柄玻璃壶**

公元前6—前4世纪（阿契美尼德王朝）
高11.3厘米，总宽7.5厘米
地中海东部地区
日本平山郁夫丝绸之路美术馆藏

双耳玻璃瓶

公元前6—前4世纪（阿契美尼德王朝）

高8.8厘米，总宽3.3厘米

地中海东部地区

日本平山郁夫丝绸之路美术馆藏

【说明】瓶身呈圆筒状，靠近肩部有两个小凸耳。整体呈深蓝色，器身有淡蓝色锯齿状玻璃丝缠绕，为卷芯成型玻璃。此器名为阿拉巴斯通（Alabastron），起源于古埃及雪花石膏（Alabaster）容器，是一种用于盛放香水或香油的小型玻璃器皿，流行于地中海周边地区。

将热熔的玻璃趁热拉成细丝状缠绕在器身表面

趁器身和附着在表面的细丝装饰尚未冷凝时用金属器勾划出波浪纹

模仿贵金属的玻璃酒杯 （2件）

【说明】 杯身刻有花瓣纹，底部有一个用于手指支撑的凹陷，被称为欧法洛斯（Omphalos），意为肚脐，肚脐被认为象征地球的中心，也是所有事物围绕的权力中心。筐篪（Phiale）亦有同样的肚脐构造。此器在古代被视为奢侈品，是用最优质的无色玻璃和模具铸造法制成，其形状源自阿契美尼德王朝的银器和铜器。这种仿贵金属器的玻璃酒杯，以敞口造型为主，且没有把手，被认为是波斯特有的器物特征，当时的酒杯材质有铜、陶、玻璃、黄金和白银等，是用于宴会、祭礼和献酒仪式的酒杯。此种器型对后世影响深远。

▼ 花瓣纹玻璃杯

公元前5—前4世纪（阿契美尼德王朝）

高7.0厘米，口径11.6厘米

西亚

日本平山郁夫丝绸之路美术馆藏

底视图

➤ 花瓣纹玻璃杯

公元前5—前4世纪（阿契美尼德王朝）

高5.8厘米，口径10厘米

地中海东部地区—西亚

日本平山郁夫丝绸之路美术馆藏

05

半球形玻璃杯 （2件）

【说明】这2件半球形玻璃酒杯是用模具铸造法制作的典型器物，表面经打磨抛光并刻有纹饰，整体晶莹剔透。模具铸造法在阿契美尼德王朝十分流行，常被用来制作外形仿贵金属器的玻璃餐具和酒具。有学者认为此种器型起源于希腊的大饮杯，两者的区别在于希腊的大饮杯具有双耳，而阿契美尼德王朝的半球形玻璃杯无耳，且通常装饰这一时期流行的树叶纹（如橡树叶纹）和扁杏仁形纹。

▼ 半球形玻璃杯

公元前5—前4世纪(阿契美尼德王朝）
高10.5厘米，口径21.2厘米
西亚
日本平山郁夫丝绸之路美术馆藏

▲ 半球形玻璃杯

公元前5—前4世纪（阿契美尼德王朝）

高9.2厘米，口径16.9厘米

西亚

日本平山郁夫丝绸之路美术馆藏

装眼影的容器
——玻璃科尔管（2件）

【说明】埃及和西亚地区的人们为了避免强烈的阳光灼伤和蚊虫叮咬，往往会使用某种特制的眼影（kohl）将眼周涂黑。装眼影的容器被称为科尔管（kohl-tube）。此组科尔管呈棒形，一件附带双耳，上方通常附带一根木质或者玻璃制的涂抹工具，采用卷芯成型法制作而成。

▼ **玻璃科尔管**

公元前4世纪（阿契美尼德王朝）
高9.9厘米，宽3.5厘米，直径1.2厘米
地中海东部地区
日本平山郁夫丝绸之路美术馆藏

➤ **玻璃科尔管**

公元前5—前4世纪（阿契美尼德王朝）
高8.1厘米，宽1.7厘米
伊朗
日本平山郁夫丝绸之路美术馆藏

身份的象征
——锥形玻璃印章（2件）

【说明】采用宝石加工技法制成的圆锥形透明玻璃印章。印面刻画了阿契美尼德王朝常见的勇士手持带翼神兽角图像，是权力和力量的象征，多用于与国王权力相关的场景。其上方有穿孔，可供佩戴，是身份地位的象征物。

正视图　　　　　　印面细节　　　　　　印面印模

◀ **锥形玻璃印章**

公元前5—前4世纪（阿契美尼德王朝）
长1.7厘米，宽1.85厘米
美索不达米亚-伊朗
日本平山郁夫丝绸之路美术馆藏

正视图　　　　　　印面细节　　　　　　印面印模

◀ **锥形玻璃印章**

公元前5—前4世纪（阿契美尼德王朝）
长1.87厘米，宽1.75厘米，高2.1厘米
美索不达米亚-伊朗
日本平山郁夫丝绸之路美术馆藏

圣甲虫风格的玻璃印章

用模具铸造法和宝石加工技法制成的圣甲虫风格玻璃印章，是所有权的象征或身份的标志。这种印章往往被做成戒指的戒面，既有装饰作用，又可满足随时取下盖印的需求。内部有穿孔。

蓝色透明玻璃印章（2件）

【说明】印面有勇士与雄狮相对而立的战斗场面，通过表现勇士战胜自然界最凶猛的野兽来彰显阿契美尼德王朝拥有立于世界之巅的无上力量。

印面

背面

印面

背面

印面印模

▲ 蓝色透明玻璃印章

公元前5—前4世纪（阿契美尼德王朝）
长2.1厘米，宽1.8厘米，高0.8厘米
美索不达米亚-伊朗
日本平山郁夫丝绸之路美术馆藏

印面印模

▲ 蓝色透明玻璃印章

公元前5—前4世纪（阿契美尼德王朝）
长1.91厘米
美索不达米亚-伊朗
日本平山郁夫丝绸之路美术馆藏

印面

印面印模

◀ **无色透明玻璃印章**

公元前5—前4世纪（阿契美尼德王朝）

长1.82厘米，宽1.48厘米，高0.62厘米

美索不达米亚-伊朗

日本平山郁夫丝绸之路美术馆藏

【说明】上部已残损，内部有穿孔，雕刻有带翼人面神兽形象，可能是源自亚述时期有守护之意的神兽拉玛苏的形象。

印面

印面印模

◀ **无色透明玻璃印章**

公元前5—前4世纪（阿契美尼德王朝）

宽1.85厘米，厚0.75厘米

美索不达米亚-伊朗

日本平山郁夫丝绸之路美术馆藏

【说明】内部有穿孔。印面雕刻了马夫和勇士乘着战车并击倒了后方的狮子的画面，该图像源自古代亚述帝国表现和记录国王战功的狩猎图。

腓尼基
玻璃

02

　　腓尼基人生活在地中海东侧，依山傍海，尤善经商。

　　起源于古埃及的蜻蜓眼复眼技术传入腓尼基之后，得到了极大发展与创新，玻璃制造业随之再度复兴。

　　腓尼基人创造了著名的头形玻璃挂坠与玻璃珠，用以抵御邪恶，并在世界诸多地区广泛传播。

　　这些玻璃珠饰成为公元前7世纪至前3世纪彰显佩戴者高贵地位的额外装饰，并广为流行。

01

抵御邪恶的力量
——蜻蜓眼玻璃珠（5件）

【说明】此组装饰有同心圆的蜻蜓眼玻璃珠，其上面的"眼"纹采用蜻蜓眼专用的复眼技术制作而成。蜻蜓眼是古代玻璃珠饰的一种纹样，起源于公元前14世纪的埃及，因其表面使用复眼技术而形成了"蜻蜓眼睛"的纹样效果，故得此名。纹饰中的"眼"被西亚人认为是神明眼睛的象征，能够驱散恶灵。此组蜻蜓眼玻璃珠以黄色或蓝色为底色，以同心圆为饰，眼纹明显清晰，蓝白对比强烈，这类蜻蜓眼玻璃珠在地中海及黑海北岸、伊朗高原地区出土甚多，被作为护身符佩戴，以抵御邪恶。

▲ 蜻蜓眼玻璃珠

公元前5—前3世纪（腓尼基）
高1.8厘米，宽2.3厘米
地中海东部地区
日本平山郁夫丝绸之路美术馆藏

▲ 蜻蜓眼玻璃珠

公元前5—前3世纪（腓尼基）
高1.4厘米，宽2.4厘米
地中海东部地区
日本平山郁夫丝绸之路美术馆藏

▲ 蜻蜓眼玻璃珠

公元前5—前3世纪（腓尼基）
高1.9厘米，宽2.7厘米
地中海东部地区
日本平山郁夫丝绸之路美术馆藏

▲ **蜻蜓眼玻璃珠**

公元前5—前3世纪（腓尼基）

高1.6厘米，宽2.3厘米

地中海东部地区

日本平山郁夫丝绸之路美术馆藏

▲ **蜻蜓眼玻璃珠**

战国（公元前475—前221年）

宽1.6厘米

1960年临澧九里M1出土

湖南博物院藏

　　双眼纹扁珠，珠体椭圆扁平，以缠绕法制成并趁尚未完全冷凝时压成扁形，穿孔巨大；珠体两侧分别有一对以复眼技术制作的眼纹装饰，通过分析，其化学成分属于以泡碱作为助熔剂的钠钙玻璃，因此这颗玻璃珠应来自地中海地区。

○ 蜻蜓眼复眼技术工艺示意图

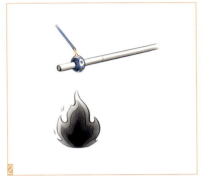
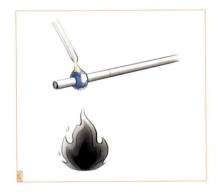

（一）直接在珠子上制作蜻蜓眼工艺示意图

1. 用缠绕法做出玻璃珠坯。

2. 在加热状态下用半熔融的白色玻璃棒料点出第一层眼纹。

3. 继续在加热状态下用熔融的其他颜色玻璃棒点出第二层眼纹。

（二）镶嵌在珠子上的蜻蜓眼工艺示意图

1. 用金属棒在玻璃熔融液中蘸取玻璃料。

2. 反复蘸取不同颜色的玻璃熔融液，套上不同的玻璃层获得棒料。

3. 将棒料切片得到内有同心圆纹饰的片料。

4. 用缠绕法做出玻璃珠坯。

5. 将片料黏贴在珠坯表面。

6. 趁热反复滚压，使具同心圆眼纹的片料深嵌入珠体。

腓尼基人的护身符
——头形玻璃挂坠

在古代腓尼基生产和流通的玻璃制品中最重要的就是玻璃挂坠，不仅有人头形挂坠，亦有动物头形挂坠，这些挂坠是用来抵御邪恶的护身符，也是守护神的象征。主要采用卷芯成型法和复眼技术制成。

人头形玻璃挂坠（4件）

【说明】人头形玻璃挂坠是由腓尼基人制作的，多见于东地中海和黑海以北地区，北欧凯尔特人墓葬和东欧的游牧民族墓亦有出土，是公元前6—前2世纪极为流行的贸易品。此类挂坠通常以男性形象为主，以大眼睛、浓密的胡须和卷曲的头发为基本特征，女性头像则极为罕见。整体呈立体形状且有着不同的颜色组合，头顶处通常有一小孔，可作为项链或耳饰佩戴。

侧视图

背视图

▲ 人头形玻璃挂坠

公元前6—前5世纪
高2厘米，宽1.9厘米，厚1.6厘米
腓尼基
日本平山郁夫丝绸之路美术馆藏

侧视图

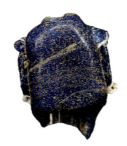

背视图

◄ 人头形玻璃挂坠

公元前6—前5世纪

高3厘米，宽2厘米，厚2厘米

腓尼基

日本平山郁夫丝绸之路美术馆藏

背视图

◄ 人头形玻璃挂坠

公元前6—前5世纪

高2.1厘米，宽1.8厘米，厚1.6厘米

腓尼基

日本平山郁夫丝绸之路美术馆藏

人头形玻璃挂坠项链

公元前6—前5世纪

长34厘米

腓尼基

日本平山郁夫丝绸之路美术馆藏

人头形玻璃串珠（4件）

【说明】此组人头形玻璃串珠呈圆柱体形状，中间有大孔径穿孔。整体由四张人面构成，每张人面都由立体的五官组成，串珠表面有多处凸起圆点装饰。此类以大眼为特征的人头形玻璃串珠是广受欢迎的腓尼基贸易品，被视为消灾避难的护身符。

> ## 人头形玻璃串珠

公元前6—前5世纪
高2.7厘米，宽2.6厘米
腓尼基
日本平山郁夫丝绸之路美术馆藏

> ## 人头形玻璃串珠

公元前6—前5世纪
高2.6厘米，宽1.8厘米
腓尼基
日本平山郁夫丝绸之路美术馆藏

▲ ## 人头形玻璃串珠

公元前6—前5世纪
高2.6厘米，宽2.4厘米
腓尼基
日本平山郁夫丝绸之路美术馆藏

> ## 人头形玻璃串珠

公元前6—前5世纪
高3.2厘米，直径2.6厘米
腓尼基
日本平山郁夫丝绸之路美术馆藏

动物头形玻璃挂坠（3件）

【说明】此组挂坠依稀可见鸟类和其他动物的形象，亦有学者认为它们代表恶魔的形象，被用作护身符以抵御邪恶。动物头形挂坠可追溯到公元前15世纪的美索不达米亚北部。类似的挂坠也经常出现在塞浦路斯的许愿雕像上。

▲ 鸟首形玻璃挂坠

公元前6—前5世纪
高2.3厘米，宽1.7厘米，厚1.4厘米
腓尼基
日本平山郁夫丝绸之路美术馆藏

▲ 兽首形玻璃挂坠

公元前6—前5世纪
高2.3厘米，宽1.7厘米，厚1.1厘米
腓尼基
日本平山郁夫丝绸之路美术馆藏

▲ 兽首形玻璃挂坠

公元前6—前5世纪
高2.2厘米，宽1.6厘米，厚1.1厘米
腓尼基
日本平山郁夫丝绸之路美术馆藏

春秋战国时期的玻璃

03

　　在春秋末战国初，游牧民族成为沟通东西方的中介。

　　原产于地中海东岸的玻璃珠饰作为贸易品进入中原诸地，并带来了蜻蜓眼制作技术。

　　与此同时，楚国玻璃工匠以本地原料自创铅钡玻璃，制作了大量仿玉风格的玻璃璧、印章、剑饰等以及具有浓厚楚国风格的本土化蜻蜓眼玻璃珠。

玻璃串珠 *01*

【说明】半透明蓝绿色玻璃串珠，系缠绕法制成，外观圆润，制作精巧，为战国时期本地单色玻璃串珠之精品。

▲ **蓝绿色玻璃串珠**

战国（公元前475—前221年）
直径0.6厘米
1990年长沙浏城桥M2出土
长沙博物馆藏

玻璃珠管 *02*

【说明】在我国西周中期出现了仿玉珠管的早期玻璃珠管，属于中国工匠的独立制品，其产生很可能与冶铜业关系密切。战国时期的玻璃珠管数量逐渐增多，大多为本地自制玻璃。

▲ **蓝色玻璃珠管**

战国（公元前475—前221年）
长2厘米
1965年湘乡新坳上M4出土
湖南博物院藏

中国自制的护身符

——蜻蜓眼玻璃珠（6件）

【说明】蜻蜓眼玻璃珠既可作为辟邪的护身符用，也可作为以物易物的媒介。春秋战国之际，蜻蜓眼的制作技术沿着中亚地区传入中国，深受贵族喜爱。中国的玻璃工匠在继承和学习了来自地中海的蜻蜓眼制作技术后，使用本土的钾钙、铅钡玻璃，对此类珠子进行仿造并融入中国本土设计，使其装饰性强、色彩鲜艳。此类珠子不仅反映了战国时期的工艺美术风格，也是东西方古代贸易、文化交流的生动体现。

▼ **蜻蜓眼玻璃珠**

战国（公元前475—前221年）
直径1.7厘米
长沙柳家大山M5出土
湖南博物院藏

▼ **蜻蜓眼玻璃珠**

战国（公元前475—前221年）
直径2.1厘米
衡阳公行山M5出土
湖南博物院藏

▼ 蜻蜓眼玻璃珠

战国（公元前475—前221年）
残直径1.2厘米，高1厘米
1983年长沙麻园岭M1出土
长沙博物馆藏

▼ 蜻蜓眼玻璃珠

战国（公元前475—前221年）
直径1.6厘米，高1.2厘米
1991年长沙解放路轻工业学校M1出土
长沙博物馆藏

局部视图

➤ 几何纹蜻蜓眼玻璃珠

战国（公元前475—前221年）
直径1.8厘米，高2厘米
1994年长沙复兴街出土
长沙市文物考古研究所藏

这类以钾钙硅酸盐玻璃为原材料制作的"蜻蜓眼"珠，外观通常呈半透明或不透明状

正视图

制作珠子的时候以泥芯支撑，珠子制成后，去除泥芯得到位于中央的粗大穿孔

➤ 蜻蜓眼玻璃珠

战国（公元前475—前221年）
直径1.2厘米，高1.8厘米
1990年长沙浏城桥M2出土
长沙博物馆藏

背视图

04

玻璃印章

【说明】中国古代印章多以青铜、玉石、玛瑙和水晶等制成，玻璃质印章非常罕见。

战国（公元前475—前221年）
高0.5厘米，印面边长1厘米
1956年长沙左家公山墓M41出土
湖南博物院藏

【说明】此件玻璃印章呈绿色，覆斗状，印面方形，上用篆体雕刻"中（忠）身（信）"二字，应是箴言玺。纽部有圆形穿孔。是中国自制的仿玉风格玻璃器。

印身

印面

05

仿玉玻璃璧 （12件）

【说明】玻璃璧是战国时期出现的典型仿玉玻璃器。在玉石资源较为匮乏的地区，玻璃璧作为玉璧的替代品被广泛使用。此组玻璃璧装饰纹样简单，多饰云纹或谷纹，其外形和纹饰具有典型的战国时代特征。此类玻璃璧集中出土于湖南地区尤其是长沙楚墓之中，采用模具铸造法制成，属本土铅钡玻璃系统。多数玻璃璧仅一面有纹饰，另一面无纹且粗糙无光，不适宜佩挂，当作礼器，专为随葬而制。

◄ **玻璃璧**

战国（公元前475—前221年）
直径17.8厘米，厚0.6厘米
湖南博物院藏

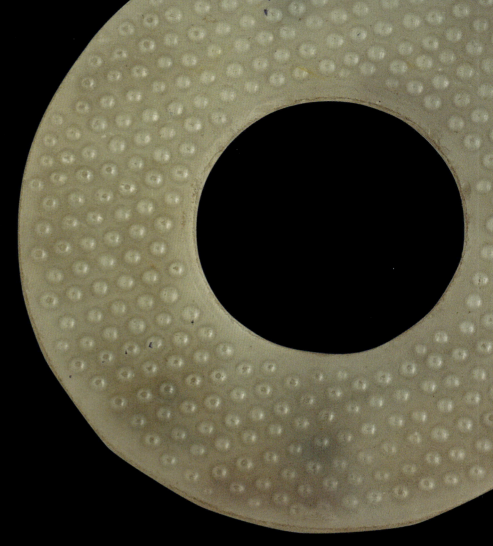

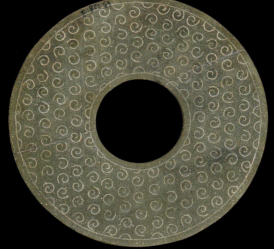

▲ **玻璃璧**

战国（公元前475—前221年）

直径11.6厘米，厚0.3厘米

湖南博物院藏

▲ **玻璃璧**

战国（公元前475—前221年）

直径8.1厘米，边宽2.4厘米，厚0.25厘米

长沙丝茅冲出土

湖南博物院藏

▲ **玻璃璧**

战国（公元前475—前221年）

直径14厘米，边宽4.6厘米，厚0.3厘米

湘乡东郊公社太乙塘出土

湖南博物院藏

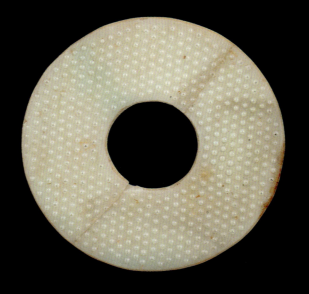

▲ **玻璃璧**

战国（公元前475—前221年）
直径11.6厘米，边宽4厘米
1983年长沙袁家岭警察大队M7出土
长沙博物馆藏

▲ **玻璃璧**

战国（公元前475—前221年）
直径9.2厘米，厚0.3厘米
1988年长沙窑岭曙光M1出土
长沙博物馆藏

◀ **玻璃璧**

战国（公元前475—前221年）
直径6.9厘米，边宽3.1厘米
1983年长沙陈家大山省委接待处M11出土
长沙博物馆藏

▼ 玻璃璧

战国（公元前475—前221年）
直径13.7厘米，边宽5.1厘米
1983年长沙砚瓦池运输公司M8出土
长沙博物馆藏

➤ 玻璃璧

战国（公元前475—前221年）
直径13.8厘米，边宽5厘米
1983年长沙砚瓦池运输公司M8出土
长沙博物馆藏

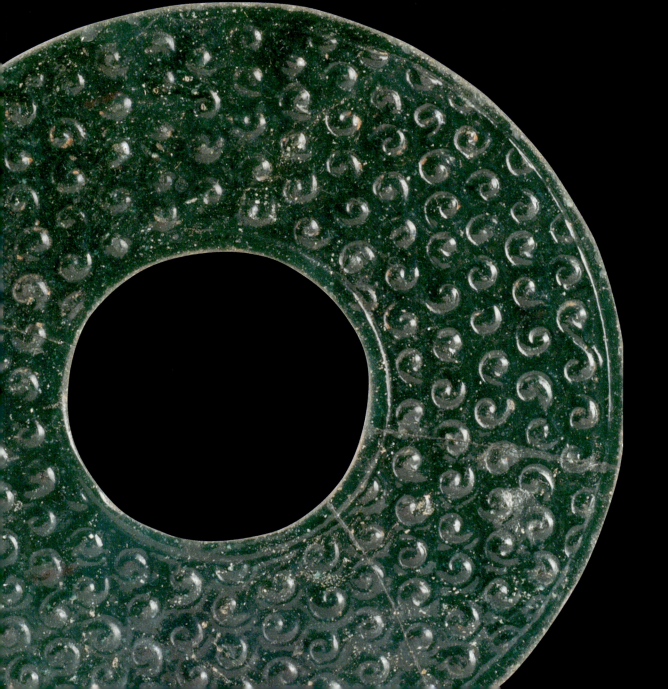

▲ 玻璃璧

战国（公元前475—前221年）
直径14.1厘米
1993年长沙暮云镇犁塘村M4出土
长沙博物馆藏

▲ 玻璃璧

战国（公元前475—前221年）

直径7.5厘米

1981年长沙解放四村轻工研究所M1出土

长沙博物馆藏

▲ 玻璃璧

战国（公元前475—前221年）

直径13.8厘米，边宽4.5厘米

1984年长沙伍家岭建湘瓷厂M2出土

长沙博物馆藏

仿玉玻璃剑饰 （3件）

【说明】以玉装饰的剑又称玉具剑，是彰显身份与威仪的贵重佩饰。完整的玉具剑由剑首、剑格、剑璏、剑珌4个玉饰物组成。此组玻璃剑饰就是以玻璃仿造玉具剑饰的产物，采用模具铸造法制成，其造型和纹饰均带有鲜明的战国特点，是战国时期玻璃饰品的佳作。此类玻璃剑饰在战国时期盛行，集中出土于湖南地区，以玻璃剑首和剑璏较为多见。

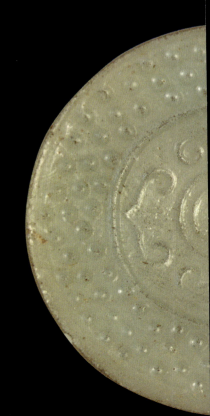

▲ 玻璃剑璏

战国（公元前475—前221年）
长6.6厘米，宽1.9厘米，高1.2厘米
长沙九尾冲水泥电杆厂M003出土
湖南博物院藏

◀ 玻璃剑首

战国（公元前475—前221年）
直径4.5厘米，厚0.4厘米
1980年长沙燕山街肉食水产公司M8出土
长沙博物馆藏

◀ 玻璃剑首

战国（公元前475—前221年）
直径4.5厘米
长沙下大垅M019出土
湖南博物院藏

费昂斯珠管

【说明】马家塬墓地出土的玻璃态材料有费昂斯、玻璃，主要为各种形状的珠子和用于镶嵌的材料。费昂斯制品自西周出现，经过春秋时期的发展，到战国时，不仅出现铅钡和钾钙类型，而且出现蜻蜓眼造型的费昂斯珠。战国之后，费昂斯制品少见。

玻璃化程度较低的
费昂斯珠管

玻璃化程度较高的
费昂斯扁珠

▲ 蓝色珠管

战国（公元前475—前221年）
长0.25 — 1.3厘米
甘肃张家川马家塬战国晚期墓地出土
甘肃省文物考古研究所藏

繁·萃

公元前4世纪，亚历山大大帝东征，把希腊文明传向东方。

埃及、腓尼基、叙利亚海岸成为希腊化世界的玻璃生产中心。

炫目多彩的埃及马赛克玻璃工艺，富有韵律的波浪纹、羽毛纹等纹样，无不彰显玻璃制造业的繁荣兴盛。

罗马帝国时期，吹制玻璃、千花玻璃出现，玻璃开始走向世界，并借助海上、陆上丝绸之路，传到东方。

在中国，工匠依托东方艺术风格，制作了碗、盘、杯、蝉、猪握等玻璃器物，又在融合西方玻璃技艺的基础上创新发展。至此，东西文化商贸交流活动进入新阶段。

第三单元

公元
前4世纪
—
5世纪

绽放

希腊化至罗马帝国时期的玻璃制造技术

公元前4世纪到公元5世纪，玻璃制造技术革故鼎新，蓬勃发展。

宝石切割加工技术继续服务于玻璃镶嵌制品，并出现了模仿金属器物色泽的夹金玻璃工艺和批量生产玻璃珠的拉制法、分段法。

最重要的还是自由吹制法的出现，使得玻璃制造成本大幅下降，廉价的玻璃器得以迅速普及。

有模吹制、悬垂压花法、千花工艺也随之兴起，玻璃制品的器形、纹饰愈加丰富，玻璃工艺走向成熟，在罗马帝国疆域内被大量使用并向外广泛传播。

01 拉制法

公元前4世纪左右，南亚次大陆南部的玻璃工匠发明了拉制法，批量生产玻璃珠。拉制法，即用特别的工具将半熔融的玻璃料拉成空心的细管，再将细管截成小珠子。采用此法制成的珠子可以看到以下特征：珠子的基本形态为圆柱体，珠体表面的条纹与穿孔平行，穿孔内壁一般是光滑的，没有黏结物。采用拉制法制成的珠子体积较小，一般直径不会超过0.5厘米。大部分小型圆形、扁圆形、连珠形单色玻璃珠采用拉制法制成。这类玻璃珠制造迅捷，存世量巨大，并沿着海上贸易路线对外输出，这就是著名的"印度—太平洋贸易珠"。

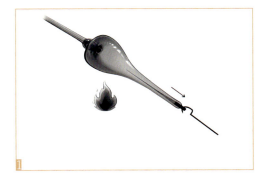

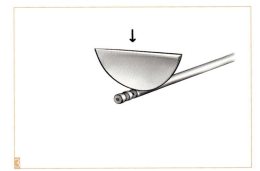

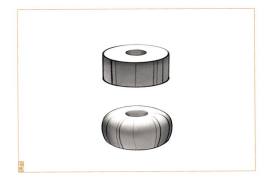

○ 拉制法工艺示意图

1. 用称为拉达（lada）的空心粗金属管，挑起熔融的玻璃液，构成一大坨锥形的半熔融玻璃料，下方有热源持续不断地加热保持塑性，使用铁钩挂住"成型棒"裹着玻璃液向外拉伸。

2. 拖出的中空玻璃料达到一定直径时，经过风冷基本定型成中空玻璃管。

3. 切割、截断中空玻璃细管为珠坯。

4. 重新将珠坯加热至半熔融状态。

5. 边缘锐利的珠坯在重新加热过程中，边缘变得圆钝而呈珠子外观。

02 分段法

将附有黏土的金属棍表面均匀涂上较厚的熔融玻璃液，并可添加额外的装饰，待玻璃液半凝固时用工具均匀地碾轧塑形成一排珠饰，待完全凝固后取下依次掰断分离。此种方法能较好控制珠子表面的装饰纹饰，故可生产表面装饰复杂的珠饰（如人面马赛克珠、夹金珠等）。如未完全切割开，无法掰断，就会生产出双连的葫芦形珠或三连珠甚至多连珠。

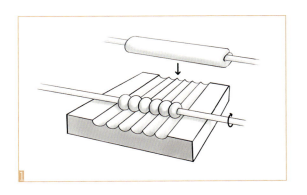

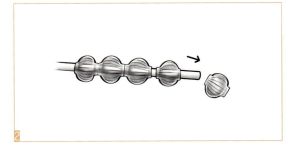

○ 分段法工艺示意图

1. 用包裹了半熔融玻璃料的金属棒在模具上滚动碾轧出珠体以及分隔珠子。

2. 待珠子冷凝后依次从金属棒上取下，但是有些珠子之间没有被完全碾轧分隔开，就会形成连体珠。

贴花工艺

03

在已经冷却定型的玻璃器表面施加热熔的玻璃料，使用黏附、拉伸、折曲、扯丝等技法在玻璃器表面添加额外的立体装饰，再将黏附固定的玻璃料再次拉伸黏贴，进一步塑形制成器物的把手或立体镂空的花丝、花边等装饰。

○ 几种主要的贴花工艺示意图

1. 使用软化的玻璃条制作把手。

2. 使用尖细的镊子在尚未冷凝的玻璃器表面掐出乳钉状纹。

3. 使用尖端熔融的玻璃棒料拉出立体纹饰。

4. 将半熔融的玻璃小片黏贴于玻璃器表面作为装饰。

自由吹制法

04

公元前1世纪左右，地中海东岸的玻璃工匠发明了玻璃吹制技术，玻璃制造成本大幅下降，价格便宜的玻璃器得以迅速普及。吹制法分为自由吹制法、有模吹制法。

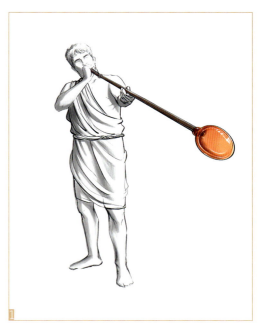

○ 自由吹制法工艺示意图

1. 吹制玻璃泡。

2. 在半熔融状态下塑形捏出颈部。

3. 在底部黏上另外一根棍子，开口处切口。

4. 调转方向，再次加热切口部至可塑状态，修出开口。

5. 冷却后将黏在底部的金属棒凿除得到成品。

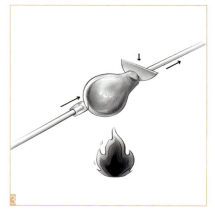

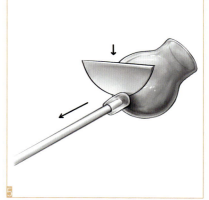

▼ 长颈玻璃瓶（5件）

公元1—2世纪（罗马帝国）
高10.5—24厘米
地中海东部地区
日本平山郁夫丝绸之路美术馆藏

【说明】长颈瓶是用自由吹制技术制作的典型玻璃器物，是当时的高科技产品。这项技术也伴随玻璃贸易传播开来，玻璃生产在欧亚大陆得到普及。

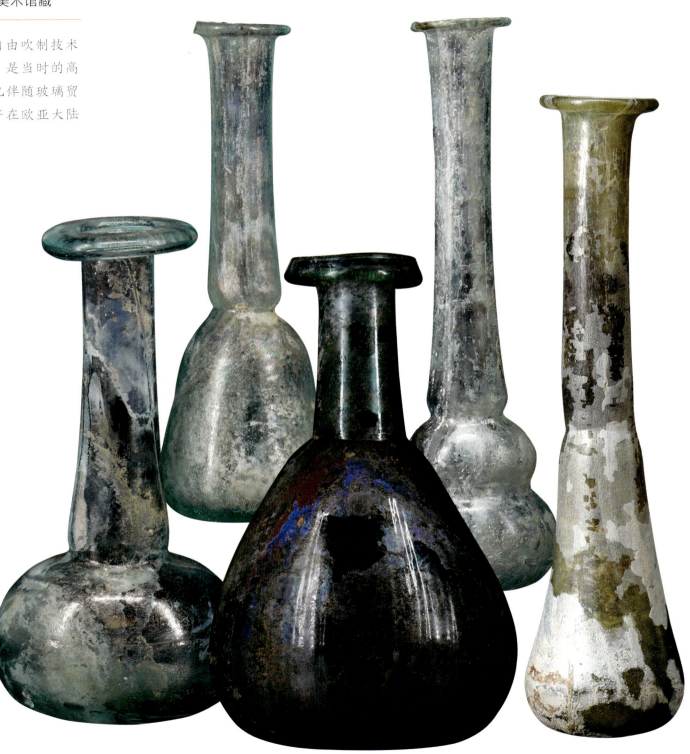

有模吹制法

罗马的玻璃工匠首先发明了双面合模的吹制玻璃表面造型技术。这种技术将半熔融的玻璃料吹出一定空腔后迅速压入前后两片的模具中，闭合模具后继续吹气使玻璃膨胀与模具纹饰贴合，冷却硬化后模具的纹饰就留在了玻璃器表面。这种生产方式不光可以为单调的吹制玻璃表面增加复杂美观的纹饰，还起到了限制玻璃器大小和容量的作用，为生产标准容量的玻璃器提供技术基础。由于玻璃的成型需使用模具，故在玻璃器侧边可看到残留的范线。这项技术在17世纪以后的西方玻璃器皿生产中广泛使用，并一直延续到现代。

○ 双面模具有模吹制法工艺示意图

1. 吹出半熔融的玻璃泡，并置于预热过的模具中。

2. 两名工匠配合，一人将模具闭合，一人继续向玻璃泡空腔中吹气使得泡壁紧贴模具。

3. 打开模具，得到纹饰完全贴合模具的器物，待冷却后取下玻璃器进行磨口得到成品。

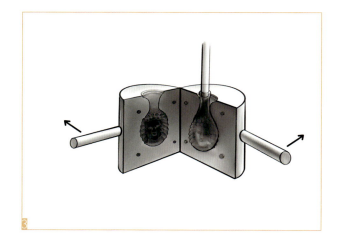

◄ 双面人头纹玻璃瓶

公元3—4世纪（罗马帝国）
高8.5厘米，腹径5.1厘米
地中海东部地区
日本平山郁夫丝绸之路美术馆藏

【说明】这件玻璃瓶是典型的有模吹制作品。有模吹制技术将两个模具合在一起，便可制成双面装饰的小瓶子，此技术在地中海地区流行。

○ 现代模制玻璃瓶生产工艺示意图

1. 用空心金属吹管蘸取热熔的玻璃液吹出一定空腔置入模具之间。
2. 将模具闭合。
3. 继续用吹管吹入空气，使得玻璃泡均匀贴附于模具内壁。
4. 待定型后打开模具，切出开口。
5. 冷却后得到具有特定造型的玻璃器。

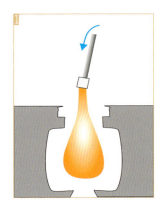
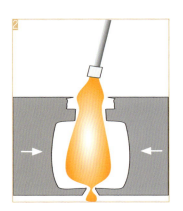
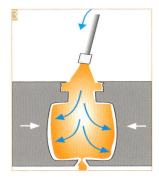
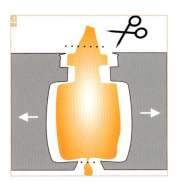

悬垂压花法

不同学者对凸脊装饰的制作有不同的解释，有些学者认为凸脊是使用凹槽的压模一次性压出来的，也有学者认为是先用悬垂法将玻璃碗塑形后再用金属棒依次压出凸脊纹。英国的现代玻璃工匠在反复实验后认为凸脊是用金属压具在半熔融的玻璃饼料上夹塑而成，再将具有凸脊的玻璃饼料覆盖于半球形模具上悬垂成碗状，最后经过精细打磨抛光而成。无论采用何种技术，悬垂法应是制作这类玻璃碗的关键技术。

▲ 凸脊纹玻璃碗

公元前1—公元1世纪（罗马帝国）
高7.3厘米，口径14.7厘米
地中海东部地区
日本平山郁夫丝绸之路美术馆藏

【说明】这件凸脊纹玻璃碗是采用悬垂压花法制作的典型器物。边缘和内面被打磨光滑，蓝色脊状纹饰高高隆起，对比工艺示意图示其制作过程一目了然，特征非常明显。

○ 悬垂压花法工艺示意图

1. 用锓子在软化的玻璃饼料上捏出瓣纹。
2. 将带有瓣纹的玻璃饼料摊在下面半球形的模具上，玻璃饼料慢慢因重力悬垂下来覆盖密合于模具上。
3. 碗口部分由于重力堆积过多的玻璃料，趁热使用金属棒再次塑形。
4. 冷却后脱模，碗口磨光成为成品。

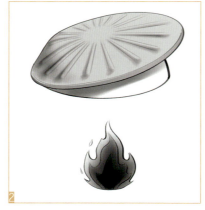

夹金玻璃工艺

　　夹金玻璃工艺又被称为"三明治"夹心玻璃工艺，将金箔或银箔捶打至轻薄状，并将其夹在两层半熔融的薄玻璃内起到保护作用，同时起到模仿金属器物的色泽质感的作用，以玻璃仿制贵金属珠饰、器物。也有仅在有刻花的金箔一侧覆盖薄层的玻璃熔液的单层贴金技术。在罗马帝国时期，在一些玻璃器器壁或底夹常有镂空雕刻精美的金箔画片。掺有弥散状的金箔碎片的玻璃熔融条带也被运用在马赛克玻璃工艺上，称为金带玻璃（gold-band glass）。

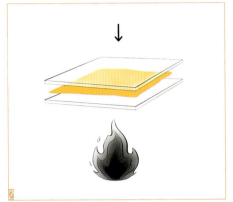
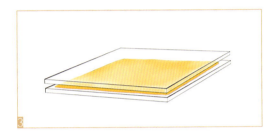
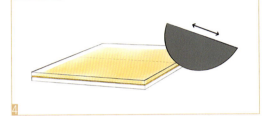

○ 夹金玻璃工艺示意图

1. 手工将金块捶制成很薄的金箔。
2. 将金箔夹入上下两层半熔融的透明玻璃料间。
3. 冷却后得到中间夹有金箔的玻璃料。
4. 将夹金玻璃料切条或片备用，或直接使用。

▲ 夹金玻璃串珠

公元前3—公元3世纪（希腊化时代—罗马帝国）
长4.2—7.9厘米，宽2.7—6厘米
地中海东部地区-伊朗
日本平山郁夫丝绸之路美术馆藏

【说明】此玻璃串珠采用夹金工艺制成。这是希腊化时期以后，在地中海地区高度发达的古代玻璃制造技术之一。

08

千花玻璃工艺

将预制好的内有马赛克花纹的棒料切成薄片，并以一定图案样式摆放在平面上，加热呈半熔融状态后相互黏合为饼料，趁饼料尚未凝固可塑时，使用模具铸造法、悬垂法等技法制成盘、碗等器物。此类玻璃因马赛克花纹所呈现出"千花万朵"的外观而被称为"千花玻璃"。

○ 千花玻璃工艺示意图

1. 用做好的马赛克切片拼出设计的图案。

2. 加热至半熔融状态相互黏结成整片的饼料。

3. 模具法：

3-1. 压入模具等待冷凝定型。

3-2. 取出后打磨抛光为成品。

4. 悬垂法：

4-1. 将制成的玻璃饼料摊在半圆球状的模具上。

4-2. 玻璃饼料慢慢因重力悬垂下来，覆盖密合于模具上成为玻璃器皿。

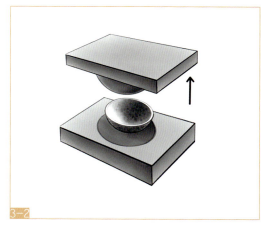

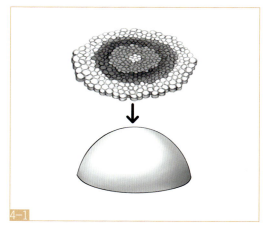

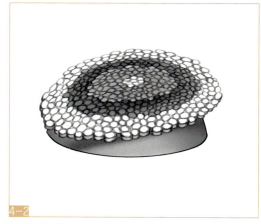

➤ 千花玻璃片（10片）

公元前1—公元1世纪（罗马帝国）
长4.2—7.9厘米，宽2.7—6厘米
地中海东部地区或意大利
日本平山郁夫丝绸之路美术馆藏

【说明】把各种颜色、各种图案的马赛克玻璃棒料排列在一起，放入模具熔化制成容器。玻璃经高温加热熔化后，就会形成像大理石纹理或繁花一样的新图案。这些残片原本属于体积较大的千花玻璃器皿。

希腊化至罗马帝国早期的玻璃

在希腊化时代早期，受产量限制，玻璃器具主要应用于贵族宴会、礼拜仪式或祈祷场所。

这时期有品种多样的玻璃饰品，炫目多彩的马赛克玻璃，贵族宴饮的高足杯等。

其后，随着罗马帝国吹制玻璃的出现，各类玻璃装饰工艺百花齐放，技术更新，风格多样。

玻璃制造日渐繁盛，产地增多，并融入了地中海东岸波斯帝国的审美和造型风格。

与此同时，地中海玻璃器也沿着丝绸之路到达南亚次大陆、东南亚以及中国岭南地区。

01

色彩斑斓的玻璃首饰
——耳饰、项链、戒指

【说明】希腊化时代至罗马帝国时期的饰品纷繁多样，色彩斑斓，最初使用黄金，到了末期，越来越强调宝石和半宝石，并开始使用钻石、蓝宝石以及绿宝石。公元前I世纪，罗马人发现玻璃制作的首饰同样能有宝石光泽。在金戒指、金耳饰上镶嵌玻璃制品，或者玻璃和其他宝石组合搭配，效果不亚于宝石。不同的玻璃首饰所用工艺有别，玻璃珠项链采用了缠绕法、模具铸造法、拉制法、分段法等多种技艺制成，玻璃戒指采用了宝石加工、卷芯成型、复眼等技术制成。

◀ 玻璃耳饰

公元2—3世纪（罗马帝国）
直径2.1厘米
地中海东部地区
日本平山郁夫丝绸之路美术馆藏

▲ **玻璃项链（10串）**

公元前3—公元3世纪（希腊化时代至罗马帝国）

长45—59厘米

地中海东部地区-伊朗

日本平山郁夫丝绸之路美术馆藏

▼ 有盖玻璃戒指

公元前1—公元1世纪（罗马帝国）
长3厘米，宽 3.6厘米，高2.5厘米
地中海东部地区
日本平山郁夫丝绸之路美术馆藏

▼ 玻璃戒指（3件）

公元1—2世纪（罗马帝国）
直径2.2厘米
地中海东部地区
日本平山郁夫丝绸之路美术馆藏

帕提亚玻璃项饰 （2串）

【说明】 帕提亚帝国处于罗马帝国和汉朝的中间位置，是丝绸之路的商贸核心，其文化和中亚文化、地中海文化之间有持续不断的互动和影响。因此在这组项饰上体现出多种文化的交融，制作工艺上采用了马赛克、分段法、拉制法等。

▼ 玻璃项饰

公元前3—公元3世纪（帕提亚帝国）
长60厘米
东地中海沿岸–西亚
日本平山郁夫丝绸之路美术馆藏

> **玻璃项饰**

公元前3—公元3世纪（帕提亚帝国）

长30厘米

东地中海沿岸−西亚

日本平山郁夫丝绸之路美术馆藏

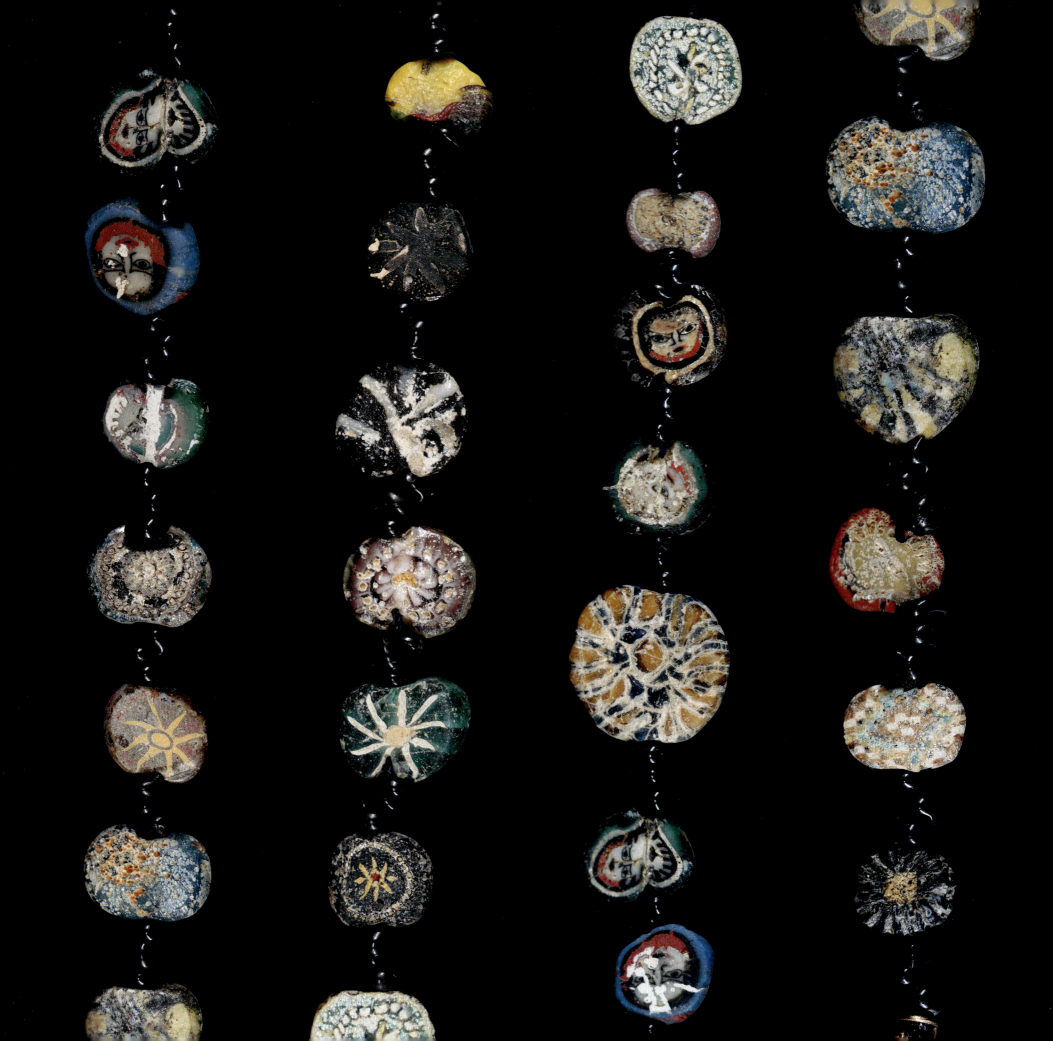

珠饰新工艺
——夹金玻璃串珠项链(3串)

【说明】 夹金玻璃珠是在两层玻璃之间，利用一层金箔作为装饰，使珠饰获得金色光亮的外观效果的玻璃珠，流行于罗马帝国。珠子形状各异，除了普通的球体，还有瓜形、棱形、圆柱体等，通过与水晶、玛瑙及金珠等其他珍贵材质珠饰组合搭配后，可以作为串珠项链等首饰使用。在新疆、青海、内蒙古等地出土了不少类似的夹金珠饰，证实早在东汉魏晋时期，我国与中亚、西亚和罗马帝国便存在物质文化交流。这些珠子除使用夹金工艺之外，还采用了分段法、缠绕法、复眼技术、模具铸造等工艺。

▲ 夹金玻璃串珠项链

公元前3—公元3世纪（希腊化时代—罗马帝国）
长54—64厘米
地中海东部地区−伊朗
日本平山郁夫丝绸之路美术馆藏

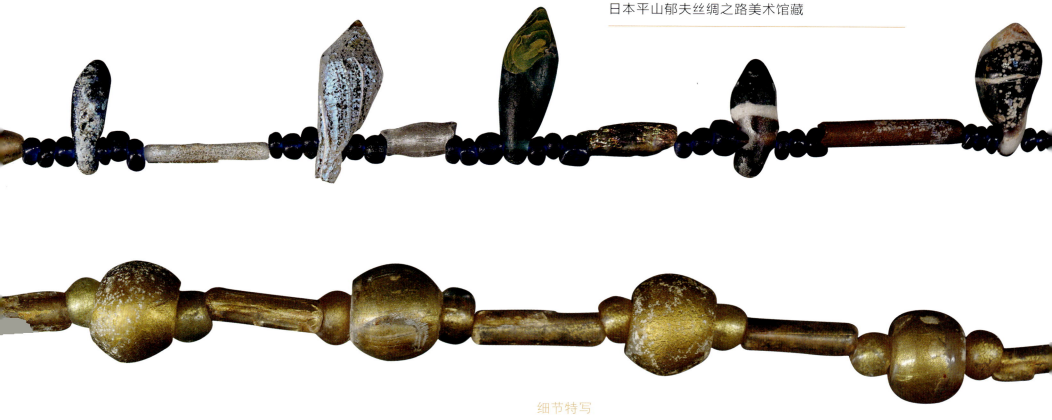

细节特写

04

辟邪的护身符
——鸟形玻璃挂坠（2件）

【说明】埃及托勒密王朝继承了腓尼基人以鸟为原型制作鸟形玻璃挂坠的传统。有学者认为鸟形挂坠代表恶魔的形象，被用作护身符以辟邪。不同的是，随着玻璃技术的发展，鸟身上缠绕黄色、白黄色玻璃环作为装饰，模仿鸟类多彩的羽毛。整件器型系采用卷芯成型法和复眼技术制造。

▲ 鸟形玻璃挂坠

公元前4—前3世纪（托勒密王朝）
长3.4厘米，宽1.5厘米，高3厘米
地中海东部地区
日本平山郁夫丝绸之路美术馆藏

▲ 鸟形玻璃挂坠

公元前4—前3世纪（托勒密王朝）
长2厘米，宽1厘米，高1.8厘米
地中海东部地区
日本平山郁夫丝绸之路美术馆藏

刻刀下的艺术
——玻璃戒面、印章(7件)

【说明】浮雕和凹雕玻璃属于宝石加工工艺。尺寸较大的浮雕玻璃可作为案头摆件或家具、盔甲的装饰，也具有纪念功能。尺寸小的雕刻玻璃则常作为印章和戒面使用。源自西亚传统的平面印章，常见形制有"圣甲虫"风格（国内常称为龟背）和塔形印（Pyramidial）。由于受到希腊和埃及的多神崇拜和希腊化艺术中以神祇比拟贵族君主手法的影响，装饰图案中常出现希腊神话人像，也有部分为现实王侯、贵族人物肖像题材，通过首饰、服装、姿态等强调人物的身份地位。

背面

正面

▲ 凹雕男性侧面像玻璃戒面

公元前3—前1世纪（希腊化时代）
高3.6厘米，宽3厘米，厚1.1厘米
地中海东部地区
日本平山郁夫丝绸之路美术馆藏

▲ 浮雕跳舞女性玻璃戒面

公元前1—公元1世纪（罗马帝国）

高1.9厘米，宽1.3厘米

地中海东部地区

日本平山郁夫丝绸之路美术馆藏

▲ 浮雕雅典娜女神像玻璃戒面

公元2世纪（罗马帝国）

高3.5厘米，宽3.6厘米

地中海东部地区

日本平山郁夫丝绸之路美术馆藏

▲ 浮雕人头像玻璃戒面

公元1—3世纪（罗马帝国）
高1厘米，宽0.8厘米，厚0.5厘米
叙利亚
日本平山郁夫丝绸之路美术馆藏

▲ 浮雕美杜莎头像玻璃戒面

公元2世纪（罗马帝国）
直径2.6厘米
地中海东部地区
日本平山郁夫丝绸之路美术馆藏

▲ 凹雕胜利女神和运动员像玻璃印章

公元2—3世纪（罗马帝国）

直径1.7厘米，厚0.3厘米

地中海地区

日本平山郁夫丝绸之路美术馆藏

▲ 凹雕士兵像玻璃印章

公元前1—公元1世纪（罗马帝国）

直径2厘米，厚0.4厘米

地中海地区

日本平山郁夫丝绸之路美术馆藏

古埃及人的护身符

【说明】采用模具铸造法制成的护身符。外形为埃及的神龛，代表拥有神像的神殿，神殿前方刻画着线条，意味着大门永远处于打开的状态，神殿内部有一点小的凸起代表神像所在的位置。神龛护身符常以费昂斯和玻璃材料为主，有的也以青铜或金银制作而成，可分为扁平和立体两种类型。顶部有一穿孔，通常随身佩戴，意在拥有神明的庇佑。

➤ 神龛形玻璃挂坠

公元前4—前1世纪
高6.9厘米，宽6.6厘米
埃及
日本平山郁夫丝绸之路美术馆藏

镶嵌用的玻璃饰品

公元前4—前1世纪（托勒密王朝）
长6—7厘米
埃及
日本平山郁夫丝绸之路美术馆藏

特写图

【说明】白色，不透明玻璃，器形为各种样式的瓶子，体积不大，做镶嵌玻璃使用，推测它们应该是木棺和木乃伊胸饰上的镶嵌物，系模具铸造法制成。在中国，汉代用于装饰器物镶嵌的玻璃品种也很多，有的镶在黄金制品上，有的镶在铜器和陶器上。满城汉墓、定州汉墓、南越王墓都发现有镶嵌玻璃的器物。

镶嵌用的玻璃

公元前4—前1世纪（托勒密王朝）
长3—5厘米
埃及
日本平山郁夫丝绸之路美术馆藏

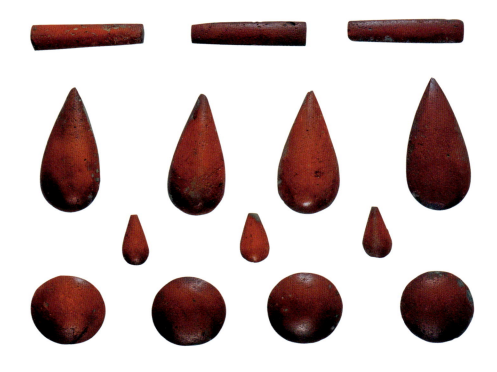

【说明】这组红色透明玻璃是胸饰的镶嵌物，工匠利用宝石切割加工技术，打磨成规整的水滴形和圆形，可以体现出希腊化时代埃及地区玻璃制作和加工技术的发展水平。

水滴形镶嵌玻璃（特写图）

长条形镶嵌玻璃（特写图）

扁圆形镶嵌玻璃（特写图）

玻璃表面风化后形成的白色不透明附着物

西方玻璃艺术的最大闪光点
——马赛克玻璃

最早的拼贴马赛克玻璃产生于公元前15—前10世纪的美索不达米亚。罗马帝国时期，马赛克玻璃最常应用于宗教殿堂、宫廷浴室和内墙装饰，也被用作护壁材料，还被镶嵌于串珠首饰上，或者应用于富裕家庭的日常用品。

马赛克人面玻璃镶嵌片（2件）

【说明】这2件蓝色人面形象玻璃，系模具铸造，为大型马赛克镶嵌艺术品的重要组成部分。眼睛和眉毛均为单独镶嵌，与头发、手足、身体等其他部分构件组合镶嵌使用。

▲ **马赛克人面玻璃镶嵌片**

公元前4—前1世纪（托勒密王朝）
长1.8厘米，宽1.5厘米，厚0.7厘米
埃及
日本平山郁夫丝绸之路美术馆藏

▲ **马赛克人面玻璃镶嵌片**

公元前4—前1世纪（托勒密王朝）
长2.6厘米，宽1.7厘米，厚0.9厘米
埃及
日本平山郁夫丝绸之路美术馆藏

马赛克女性图案玻璃镶嵌片（2件）

【说明】这2件玻璃镶嵌片以希腊化时代的亚历山大地区流行的喜剧面具为原型制作，戴常春藤叶冠的女性，是侍奉酒神狄俄尼索斯（Dionysus）的女追随者迈那得斯（Maenads）。

▼ 马赛克女性图案玻璃镶嵌片

公元前1—公元1世纪（托勒密王朝至罗马帝国早期）

高3.8厘米，宽1.8厘米，厚0.3厘米

埃及

日本平山郁夫丝绸之路美术馆藏

▲ 马赛克女性图案玻璃镶嵌片

公元前1—公元1世纪（托勒密王朝至罗马帝国早期）

高2.7厘米，宽1.3厘米，厚0.3厘米

埃及

日本平山郁夫丝绸之路美术馆藏

马赛克男性图案玻璃镶嵌片

【说明】这件以希腊化时代的亚历山大地区流行的喜剧面具为原型制作的酒神精灵西勒诺斯（Seilenos），为半人半马的老人形象，嘴巴大张。

▲ 马赛克人物面具玻璃镶嵌片

公元前1—公元1世纪（托勒密王朝至罗马帝国早期）
高2.9厘米，宽2.9厘米
埃及
日本平山郁夫丝绸之路美术馆藏

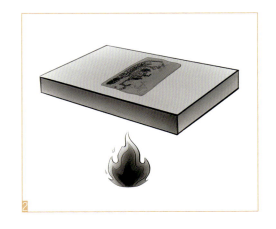

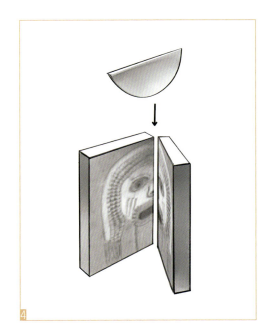

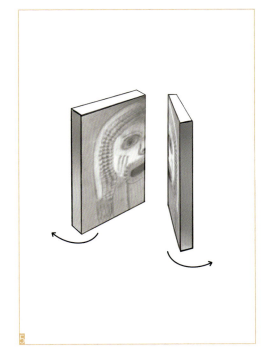

○ 马赛克人面玻璃工艺示意图

1. 用切割好的各色玻璃拼出马赛克设计图案。
2. 加热至半熔融后使得玻璃料之间相互黏结成整块。
3. 将所得的料块沿中间剖开。
4. 得到镜像对称的两片马赛克玻璃饰片。
5. 沿中线相互拼接后组成完整人面图案。

马赛克人面装饰板

【说明】马赛克人面有珠饰，也有平板状的造型，人面多
为女性，一般认为，其模拟的原型是希腊神话中的美杜莎
（Medusa），她的头像或面具被认为能够抵御邪恶力量。
这类装饰板多用来装饰家具和建筑物。

▲ **方形马赛克人面装饰板**

公元前1—公元1世纪（托勒密王朝至罗马帝国早期）
高1.4厘米，宽1.4厘米，厚0.5厘米
埃及
日本平山郁夫丝绸之路美术馆藏

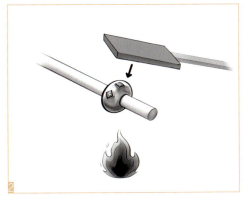

马赛克人面玻璃珠（9件）

【说明】马赛克人面玻璃珠是罗马帝国最复杂的马赛克玻璃之一，呈椭圆形或扁圆形。这些玻璃珠有穿孔，用于佩戴，在古埃及和托勒密王朝时期，珠子被认为具有护身法力。珠子经常装饰有女性面孔，面部表情细腻，明显可见眉毛、嘴唇甚至鼻孔，颈上的黄色珠链做工精致。偶见的男性面孔经常会饰以斜格纹，发型多变，额头有锯齿状的刘海。

公元前1—公元1世纪（托勒密王朝至罗马帝国早期）
高1.1—1.8厘米，直径1.2—1.6厘米
埃及
日本平山郁夫丝绸之路美术馆藏

○ 马赛克人面玻璃珠制作工艺示意图

1. 将制作有人面图案的马赛克棒料切割为马赛克镶嵌片。
2. 将人面马赛克镶嵌片贴在尚未冷凝的珠体上，并用金属板轻敲嵌入珠体熔合。
3. 完全熔合后，待珠子冷却定型后取下。

马赛克动物图案玻璃镶嵌片（2件）

【说明】马赛克玻璃除了人面纹，还热衷于表现埃及传统图案，如鱼、鸟等自然物象。在地中海沿岸，鱼形图案象征着物产丰饶。朱鹭（埃及圣鹮），外形黑白相间，是古埃及的知识和智慧之神托特（Thoth）的象征，在古埃及作为陪葬品一直受到崇拜。

▼ 马赛克鱼纹玻璃镶嵌片

公元前1—公元1世纪（托勒密王朝至罗马帝国早期）

长2.2厘米，宽2.5厘米

埃及

日本平山郁夫丝绸之路美术馆藏

▲ 马赛克朱鹭纹玻璃镶嵌片

公元前1—公元1世纪（托勒密王朝至罗马帝国早期）

长0.7厘米，宽0.7厘米，厚0.5厘米

埃及

日本平山郁夫丝绸之路美术馆藏

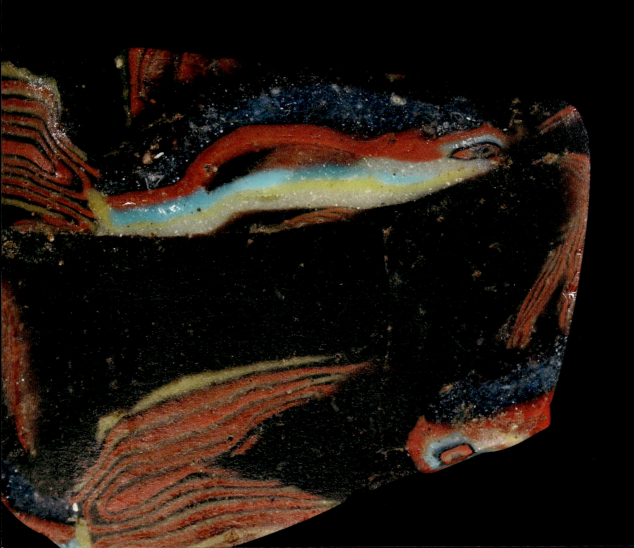

马赛克工艺玻璃珠

【说明】嵌有希腊字母"ΑΓΑΘ"的玻璃珠，上无穿孔，推测其作为游戏骰子使用。

▼ 马赛克希腊文字图案玻璃珠

公元前1—公元1世纪（托勒密王朝至罗马帝国早期）
直径2.1厘米
地中海东部地区
日本平山郁夫丝绸之路美术馆藏

背视图

正视图

马赛克植物图案玻璃装饰板（13件）

【说明】在马赛克玻璃装饰板中，各类花草是较常见的装饰图案，花团锦簇、颜色鲜艳，体现了大自然的意趣。

公元前1—公元1世纪（托勒密王朝至罗马帝国早期）

长1.7—9厘米，宽2.2—6.9厘米

埃及

日本平山郁夫丝绸之路美术馆藏

装香水或香油的双耳玻璃瓶 (3件)

【说明】这组双耳瓶，双耳小巧，对称分布，是专门用于盛放香水或香油的玻璃器。双耳玻璃瓶起源于公元前11世纪的古埃及，在希腊化时代传播到其他地区。它们表面似鸟类羽毛状的花纹属于起源于埃及的卷芯成型法玻璃器制作传统，在希腊化时代成为经典纹饰，并向周边地区传播。

▼ 双耳玻璃瓶和金质底托

公元前4—前3世纪（希腊化时代）
高18.6厘米，总宽5.1厘米
地中海东部地区
日本平山郁夫丝绸之路美术馆藏

▼ 双耳玻璃瓶

公元前3—前1世纪（希腊化时代）
高12.4厘米，总宽4.9厘米
地中海东部地区
日本平山郁夫丝绸之路美术馆藏

▼ 双耳玻璃瓶

公元前3—前1世纪（希腊化时代）
高9.9厘米，总宽3.7厘米
地中海东部地区
日本平山郁夫丝绸之路美术馆藏

装香水或香油的大双耳尖底玻璃瓶 (3件)

【说明】 这组双耳瓶是另一种制作样式，系用卷芯成型法制成。双耳广阔、对称，瓶颈细长，尖底，装饰纹样是在藏青色的玻璃底上缠绕白色和黄色的玻璃丝形成的。此纹样最早起源于埃及，经腓尼基人发扬，流行于希腊化至罗马帝国时期的地中海东部地区。

▼ 双耳尖底玻璃瓶

公元前3—前1世纪（希腊化时代）
高16厘米，口径2.9厘米
地中海东部地区
日本平山郁夫丝绸之路美术馆藏

局部细节

▼ 双耳尖底玻璃瓶

公元前3—前1世纪（希腊化时代）

高13.5厘米，总宽6.1厘米

地中海东部地区

日本平山郁夫丝绸之路美术馆藏

▼ 双耳尖底玻璃瓶

公元前3—前1世纪（希腊化时代）

高15.3厘米，总宽7.1厘米

地中海东部地区

日本平山郁夫丝绸之路美术馆藏

12

装香水或香油的玻璃单柄瓶（2件）

【说明】这2件单柄瓶系用卷芯成型法制成，造型独特，纹饰繁复，器形优美。一件为三叶形嘴长颈，另一件为圆口短颈，是希腊化时代的典型玻璃器，主要流行于地中海东岸地区。三叶形嘴瓶从地中海到东亚均有出土，其利于出水且美观的流口设计深受各地百姓喜欢，是东西方文明交流的实物见证。

▼ 单柄玻璃瓶

公元前4—前3世纪
高13厘米
地中海东部地区
日本平山郁夫丝绸之路美术馆藏

背视图

正视图

➤ 单柄玻璃瓶

公元前4—前3世纪
高12.5厘米，总宽7.3厘米
地中海东部地区
日本平山郁夫丝绸之路美术馆藏

背视图

正视图

贵族祭祀宴饮的高足玻璃杯 (2件)

13

【说明】这2件高足玻璃杯主要模仿当时的金属器具，采用模具铸造法并经过打磨抛光制成。古埃及时期即有不少用不同材质制作的高足杯，一般是祭祀或者宴饮的杯具。希腊化时代酒文化发达，这类高足杯与发达的酒文化有密不可分的关系。同时，这类高足杯在阿契美尼德王朝也受到欢迎，在其后的萨珊、拜占庭和阿拉伯帝国中都继续制作。

▼ 高足玻璃杯

公元前3—前1世纪（希腊化时代）
高17.3厘米，口径21.7厘米
地中海东部地区
日本平山郁夫丝绸之路美术馆藏

▼ 高足玻璃杯

公元前3—前1世纪（希腊化时代）

高14.5厘米，口径25.3厘米

地中海东部地区

日本平山郁夫丝绸之路美术馆藏

14

玻璃盘 （2件）

【说明】这2件玻璃盘采用模具铸造法制成，颜色纯净清澈，朴素又不失典雅。就审美来说，既不同于腓尼基风格的韵律繁复，又不同于马赛克玻璃的破碎艳丽。它们深受当地人喜爱，并伴随丝路贸易的开辟传到东方。两汉时，此类玻璃盘更是通过丝绸之路往来于东西方之间，足见商贸交流之盛。

▼ **玻璃盘**

公元前2—公元1世纪（希腊化时代至罗马帝国初期）
高3.8厘米，口径16厘米
地中海东部地区
日本平山郁夫丝绸之路美术馆藏

◀ **玻璃盘**

公元前2—公元1世纪（希腊化时代至罗马帝国初期）
高4.7厘米，口径15.2厘米
地中海东部地区
日本平山郁夫丝绸之路美术馆藏

15

玻璃碗 (7件)

【说明】这组玻璃碗，前面2件表面已经生出一层银化膜，系模具铸造法制成；后面5件装饰有凸脊纹，系悬垂压花法制成，色彩丰富，造型多样。作为实用的饮食用具，早在希腊化时代就已经在贵族间广泛流传使用，之后通过海上丝绸之路传到东方。今天在广西等地多有发现，成为东西方交流贸易的实物见证。

▼ 玻璃碗

公元前1—公元1世纪（希腊化时代至罗马帝国初期）
高8.5厘米，口径15厘米
地中海东部地区
日本平山郁夫丝绸之路美术馆藏

▶ 玻璃碗

公元前1—公元1世纪（希腊化时代至罗马帝国初期）

高9.7厘米，口径17.7厘米

地中海东部地区

日本平山郁夫丝绸之路美术馆藏

▼ 凸脊纹玻璃碗

公元前1—公元1世纪（希腊化时代至罗马帝国初期）

高4.8厘米，口径16.5厘米

地中海东部地区

日本平山郁夫丝绸之路美术馆藏

▲ 凸脊纹玻璃碗

公元前1一公元1世纪（希腊化时代至罗马帝国初期）

高2厘米，口径6厘米

地中海东部地区

日本平山郁夫丝绸之路美术馆藏

◀ 凸脊纹玻璃碗

公元前1一公元1世纪（希腊化时代至罗马帝国初期）

高4.4厘米，口径10.3厘米

地中海东部地区

日本平山郁夫丝绸之路美术馆藏

▲ **凸脊纹玻璃碗**

公元前1一公元1世纪（希腊化时代至罗马帝国初期）
高4.6厘米，口径16.4厘米
地中海东部地区
日本平山郁夫丝绸之路美术馆藏

➤ **凸脊纹玻璃碗**

公元前1一公元1世纪（希腊化时代至罗马帝国初期）
高4.6厘米，口径16.4厘米
地中海东部地区
日本平山郁夫丝绸之路美术馆藏

16

形似膝盖骨的模具制造玻璃杯 （3件）

【说明】 这组玻璃杯造型别致，形似膝盖骨，拉丁语称为"膝盖骨杯"（patella，膝盖骨之意），因口沿宽大便于饮酒，在罗马帝国时期得到普及。

▲ 模具铸造玻璃杯

公元前1—公元1世纪（希腊化时代至罗马帝国初期）

高4.1厘米，口径9.1厘米

地中海东部地区

日本平山郁夫丝绸之路美术馆藏

▲ 模具铸造玻璃杯

公元前1—公元1世纪（希腊化时代至罗马帝国初期）

高4.1厘米，口径9.3厘米

地中海东部地区

日本平山郁夫丝绸之路美术馆藏

➤ 模具铸造玻璃杯

公元前1—公元1世纪（希腊化时代至罗马帝国初期）

高4.6厘米，口径9厘米

地中海东部地区

日本平山郁夫丝绸之路美术馆藏

罗马帝国
玻璃

3

罗马帝国，疆域辽阔，经济空前繁荣，玻璃工艺更进一步发展。

以繁花盛开般美丽的千花玻璃为材质的盘子、酒杯等整套器具，成为罗马贵族们不可或缺的新宠儿。

工艺精湛的夹金玻璃被视为地中海地区高度发达的古代玻璃制造技术的巅峰之作。

玻璃吹制技术的革新发展，推动了玻璃制造业在世界上的发展，玻璃制造不仅盛行于罗马帝国境内，还远播至波斯萨珊、巴克特里亚和伊斯兰地区，并通过丝绸之路传至中国和日本，影响深远。

鸟形、鱼形玻璃串珠

【说明】鸟形玻璃串珠对佩戴之人而言是具有消灾辟邪作用的护身符；鱼形玻璃串珠则象征对大海的崇拜，寓意海产丰饶。它们系采用卷芯成型法、缠绕法、宝石加工等技法制成。

公元1 — 3世纪（帕提亚帝国）
长0.8—2.4厘米
地中海东部地区−西亚
日本平山郁夫丝绸之路美术馆藏

固定衣服的装饰物
——玻璃珠饰青铜别针扣（2件）

【说明】青铜别针应是起源于公元前13世纪的欧洲，属佩饰的一种，用于固定衣物肩领边缘。别针最初采用青铜制，其后亦有如金、银、象牙类的别针。根据性别的不同，别针有特定的形状、类型和尺寸。此组青铜别针上的玻璃串珠，是为显示佩戴者尊贵的地位而添加的额外装饰，采用缠绕法制成。除了作为佩戴的实用器，别针还作为献给众神的奉献礼。

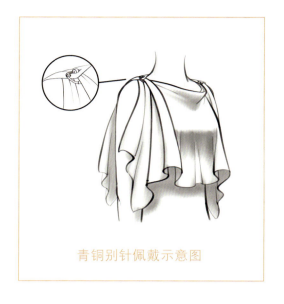

青铜别针佩戴示意图

▲ **玻璃珠饰青铜别针扣**

公元1—2世纪
高4.8厘米，长11.2厘米
地中海地区
日本平山郁夫丝绸之路美术馆藏

▲ **玻璃珠饰青铜别针扣**

公元1—3世纪

长6.5厘米

地中海地区

日本平山郁夫丝绸之路美术馆藏

镶嵌马赛克玻璃的青铜胸针 (2件)

【说明】这2件胸针是用细密的玻璃镶嵌在青铜器具上，为固定衣服之用，主要制作于高卢地区（法国）。随着人们审美和品位的提高，胸针制作越来越精致，用宝石或玻璃进行装饰。用马赛克玻璃镶嵌的胸针从单纯用来固定衣服的工具变成了彰显身份的饰品。

▲ 镶嵌马赛克玻璃的青铜圆盘形胸针

公元2—3世纪（罗马帝国）

高4厘米，直径4.4厘米

地中海地区高卢（法国）

日本平山郁夫丝绸之路美术馆藏

▲ 镶嵌马赛克玻璃的青铜碟纹胸针

公元2—3世纪（罗马帝国）

直径4.5厘米

地中海地区

日本平山郁夫丝绸之路美术馆藏

带圆环玻璃棒（2件）

【说明】器形修长，顶端有圆环，底端呈钉帽状，色彩多样，用途不明。有观点认为是头饰，作为发簪使用；有的认为是食物搅拌棒，众说纷纭。

公元1—2世纪（罗马帝国）
长20.5厘米，宽3.7厘米（上）
长22.5厘米，宽2.7厘米（下）
地中海东部地区
日本平山郁夫丝绸之路美术馆藏

玻璃碗

【说明】此器形为敞口，半球形腹，与罗马帝国早期玻璃碗形制略有差别，系采用悬垂压花法制成。造型应是源自阿契美尼德王朝的银器和铜器，是用于宴会、祭礼和献酒仪式的酒器。这种凸棱装饰在公元前1世纪至公元1世纪的地中海沿岸非常流行。江苏扬州甘泉汉墓M2出土3块辐射形竖棱的玻璃残片，来源推测为罗马帝国玻璃通过海路输入。

▼ 凸棱纹玻璃碗

公元1—3世纪（罗马帝国）
高6.3厘米，宽9.1厘米
地中海东部地区
日本平山郁夫丝绸之路美术馆藏

玻璃碗

▼ 单弦纹玻璃碗

公元4—5世纪（罗马帝国）
高6.0厘米，口径10.5厘米
地中海东部地区
日本平山郁夫丝绸之路美术馆藏

【说明】这件玻璃碗流行于罗马帝国晚期，玻璃通透，淡绿色为其增添了一层自然之美，系用自由吹制法制成。碗身凸起的一圈弦纹起到防滑作用，这种形制的玻璃碗在广西合浦、贵县（今贵港）均有发现。通过精细的化学成分分析，它们可能在北部湾地区制作，应是我国古代工匠仿照异域器形风格所制产品。

07

玻璃杯

双耳玻璃杯（2件）

【说明】这种造型的酒杯沿袭了希腊酒杯器形的传统式样，把手呈环状，扉棱突出，便于握持，在希腊语中称作"skyphos"（大饮杯）。这类器具采用模具铸造法和自由吹制法制作成型，流行于地中海东岸，常见有金属、陶土、玻璃等材质，并在地中海东岸、西亚一带广泛出现。

▼ 双耳玻璃杯

公元1世纪（罗马帝国）
高7厘米，总宽19.6厘米
黑海沿岸
日本平山郁夫丝绸之路美术馆藏

▼ 双耳玻璃杯

公元1世纪（罗马帝国）
高 9.5厘米，总宽15.5厘米
地中海东部地区
日本平山郁夫丝绸之路美术馆藏

直筒形玻璃杯（2件）

【说明】这种造型的玻璃杯，腹深易握，更加便于饮酒，是罗马帝国时期非常盛行的饮酒器，经常与金属酒具一起出现在宴会场合。制作方法采用模具铸造法和自由吹制法。罗马帝国吹制玻璃工艺的发明，极大降低了生产成本，使上层社会使用的罕见昂贵的玻璃器变成了地中海地区的常见日用物品。随着工艺的发展，玻璃器增加了彩绘、夹金工艺等装饰，被广泛应用于人们的日常生活中。

 **模具铸造玻璃杯**

公元1—2世纪（罗马帝国）

高 12厘米，口径 7.9厘米

地中海东部地区

日本平山郁夫丝绸之路美术馆藏

◀ 自由吹制玻璃杯

公元2—3世纪（罗马帝国）

高12.1厘米，口径7.7厘米

地中海东部地区

日本平山郁夫丝绸之路美术馆藏

▲ **乳钉纹高足玻璃杯**

公元1—3世纪（帕提亚帝国）
高11.7厘米，口径11厘米
地中海东部地区
日本平山郁夫丝绸之路美术馆藏

【说明】帕提亚帝国崇尚古希腊风习。这件高足杯仿造古希腊金属酒杯，系自由吹制而成。玻璃器身的乳钉设计既能提高装饰性，又具有防滑的实用功能。这种造型不光在希腊广泛流行，在阿契美尼德王朝也受到欢迎，并在其后的拜占庭、萨珊和阿拉伯帝国中继续制作。

▲ **镶嵌图案高足玻璃杯**

公元3—4世纪（罗马帝国）
高9厘米，口径10.3厘米
地中海东部地区
日本平山郁夫丝绸之路美术馆藏

【说明】这件高足杯为淡蓝色，腹中间缠有一圈藏青色玻璃环，其下镶嵌马赛克花朵，系自由吹制而成。

▲ 圜底玻璃杯

公元2—3世纪（罗马帝国）

高7厘米，口径6.6厘米

地中海东部地区

日本平山郁夫丝绸之路美术馆藏

【说明】这件圜底玻璃杯，系模具铸造而成，是罗马帝国常用的饮酒器皿，造型仿照当时的金属器皿，常常出现在贵族宴饮场合中。罗马帝国生产大量的玻璃日用器皿，是当时贸易交流的主要商品。传至中国后，成为上层社会竞相追求的高档商品。到魏晋南北朝时期，更成为世家大族"斗富"的宝物之一，是地位和财富的象征。

▲ 膝盖骨形玻璃杯

公元4—5世纪（罗马帝国）

高7.4厘米，口径12.5厘米

地中海东部地区

日本平山郁夫丝绸之路美术馆藏

【说明】此杯是罗马帝国早期非常流行的饮酒器，形似膝盖骨。浙江海宁智标塔地宫的石函内出土了北宋时期类似器形的玻璃器。

08

千花玻璃餐具

千花玻璃是罗马帝国玻璃制造技术炉火纯青的标志，纹饰精美，看上去犹如繁花盛开一般。千花玻璃作为贵重物品广泛贸易至中亚、高加索、南亚、东南亚甚至东亚地区，著名的阿富汗贝格拉姆遗址和汉代广陵王墓都有这种玻璃器出土。

▲ 焰火纹千花玻璃碗

公元前1—公元1世纪（罗马帝国）
高7.8厘米，口径13.5厘米
地中海东部地区
日本平山郁夫丝绸之路美术馆藏

【说明】这件千花玻璃碗上的花纹宛若绽放的焰火，光芒四射。古埃及人发明了这种玻璃制作技术，后被称为"Millefiori"，意思是"千花万朵"，该技术在罗马帝国时期尤为流行。千花玻璃器在古希腊和罗马帝国非常贵重，自公元前I世纪始多制造于意大利半岛地区，至公元I世纪时仍有生产。

千花玻璃盘、杯（2件）

【说明】这2件用千花玻璃技术制作的盘子和酒杯，推测是宴会专用的成套玻璃器。玻璃杯宽大的开口更加便于饮酒，是罗马帝国时期非常盛行的饮酒器，千花装饰为古代罗马帝国的豪华盛宴增添了不少色彩。

◀ 千花玻璃盘

公元前1—公元1世纪（罗马帝国）
高2.1厘米，直径15.6厘米
地中海东部地区
日本平山郁夫丝绸之路美术馆藏

▶ 千花玻璃杯

公元前1—公元1世纪（罗马帝国）
高4.4厘米，口径9.2厘米
地中海东部地区
日本平山郁夫丝绸之路美术馆藏

装香水或香油的玻璃瓶

09

香水或香油瓶在地中海地区使用广泛，是非常重要的玻璃制品。它们造型多样，用途广泛，受众众多。自由吹制法的推广，简化了生产过程，降低了成本，玻璃制品得以进入平民市场，玻璃器逐渐成为地中海地区最受欢迎的贸易商品，并被运往世界各地。

▲ 模吹突起装饰玻璃瓶

公元1世纪（罗马帝国）
高7.7厘米，腹径4.7厘米
地中海东部地区
日本平山郁夫丝绸之路美术馆藏

【说明】此瓶是将两个模具合在一起后，向模具内注入熔化的玻璃吹制成型。淡蓝色的不透明玻璃可能是模仿了石制容器。器身分割成六个部分，每个部分都有不同内容的突起装饰图案，如花瓶、杯子等。

▲ 模吹双面人面纹玻璃瓶

公元3—4世纪（罗马帝国）
高8.5厘米，腹径4.2厘米，底径3.2厘米
地中海东部地区
日本平山郁夫丝绸之路美术馆藏

【说明】随着有模吹制玻璃技术的成熟，双面装饰瓶流行于地中海地区，人面装饰瓶常见于塞浦路斯。罗马帝国时期，人面纹饰多为英雄和希腊神话人物，如酒神狄俄尼索斯，因此推测这类玻璃瓶是装葡萄酒或装香水、香油之类的容器。

▼ 模吹双面人面纹玻璃瓶

公元3—4世纪（罗马帝国）
高9厘米，腹径7.7厘米
地中海东部地区
日本平山郁夫丝绸之路美术馆藏

【说明】这件玻璃瓶装饰的人面纹为非洲人的面貌特征，可能是罗马帝国疆域辽阔，管理着各大洲的众多民族，因此人面形象也具有多样性。

▶ 模吹双面人面纹玻璃瓶

公元3—4世纪（罗马帝国）
高16厘米，腹径7厘米
地中海东部地区
日本平山郁夫丝绸之路美术馆藏

【说明】这件玻璃瓶上的青年男子形象可能是酒神狄俄尼索斯，他是古希腊神话中最早的神明之一，也是主管葡萄酒、狂欢、生育、喜剧和悲剧之神。

▼ 金带纹玻璃瓶

公元前1—公元1世纪（罗马帝国）
高7.3厘米，腹径4.3厘米
意大利
日本平山郁夫丝绸之路美术馆藏

【说明】金带纹玻璃瓶是一种特别华丽的早期罗马玻璃香水瓶，被视为古希腊之后地中海地区高度发达的古代玻璃制作技术的巅峰之作。制作工艺涉及夹金、有模吹制和特殊着色等。金带纹玻璃在当时无疑是贵族才能拥有的奢侈品，但是随着玻璃吹制工艺的普及，它们很快被自由吹制而成的透明玻璃器皿代替。

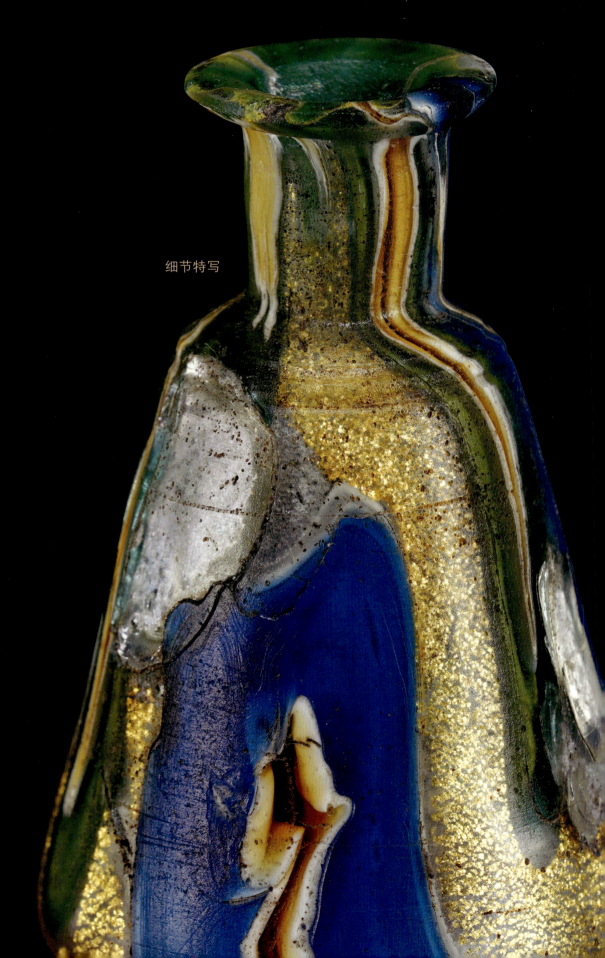

细节特写

▼ 缠丝纹玻璃瓶

公元1世纪（罗马帝国）

高8.5厘米，腹径6.5厘米

地中海东部地区

日本平山郁夫丝绸之路美术馆藏

【说明】这种通过把不同颜色的玻璃熔在一起制成大理石纹样的玻璃瓶，是地中海沿岸常见的一种罗马自由吹制玻璃瓶。这种玻璃瓶最早出现于1世纪早期。洛阳东汉墓出土的一件缠丝纹长颈玻璃瓶，是典型的罗马帝国早期吹制成型的缠丝纹玻璃器，应是从地中海沿岸通过陆上丝绸之路输入我国的。

▼ 双耳尖底玻璃瓶

公元1—2世纪（罗马帝国）

高9.8厘米，总宽4.3厘米

地中海东部地区

日本平山郁夫丝绸之路美术馆藏

【说明】双耳尖底瓶最早是用卷芯成型法制作，而这件香水瓶则是有模吹制而成，器身可见接缝，横向布满平行线纹。历经千年，玻璃瓶的纹饰、制作方法发生了改变，但人们对这款香水瓶的喜爱却从未改变。

双耳玻璃瓶（4件）

▼ 双耳凸脊卷云纹玻璃瓶

公元1—2世纪（帕提亚帝国）

高7.4厘米，总宽4.3厘米

地中海东部地区

日本平山郁夫丝绸之路美术馆藏

▲ 双耳多棱玻璃瓶

公元1—2世纪（罗马帝国）

高6.8厘米，总宽4.2厘米

地中海东部地区

日本平山郁夫丝绸之路美术馆藏

【说明】这2件双耳瓶为有模吹制成型，即先在组合模具中雕刻好所需纹样，并把模具做成理想形态，再将深褐色的液态玻璃注入模具，吹制成型，趁玻璃尚未冷却时，加上双柄。左下图双耳瓶表面装饰了凸脊纹和类似卷云纹的曲线，因长年氧化而在表面形成了彩虹膜；右上图双耳瓶则呈现出各种几何造型之美和线条美。

◀ **双耳贴花玻璃瓶**

公元1—2世纪（罗马帝国）
高12厘米，总宽6.5厘米
地中海东部地区
日本平山郁夫丝绸之路美术馆藏

▲ **双耳贴花玻璃瓶**

公元1—2世纪（罗马帝国）
高13.5厘米，总宽6.5厘米
地中海东部地区
日本平山郁夫丝绸之路美术馆藏

【说明】这2件玻璃瓶的多把手设计，体现了玻璃吹制技术与贴花工艺高度发达后玻璃工匠的炫技与创意，淡黄色透明玻璃瓶上，以深绿色玻璃环装饰把手和口沿。将深绿色玻璃拉长形成拉丝的质感后，立刻附着在器身上，趁玻璃丝未冷却时将其塑造为理想形态。这种器型流行于伊斯兰地区，故很可能是在巴勒斯坦地区制造，并极大地促进了当地的经济发展以及玻璃工业的传播与繁荣。

革袋形玻璃瓶

公元1—3世纪（罗马帝国）
高16.5厘米，总宽8厘米
地中海东部地区
日本平山郁夫丝绸之路美术馆藏

【说明】古人将牛羊皮制作的皮袋作为救生圈，或注入乳液制作芝士或酸奶，也可用于葡萄酒的贮藏和搬运。这件仿生器物在自由吹制过程中还塑造出哺乳动物的四肢，器物可以直立使用，也可以放倒，为了防止盛放的液体流出，应该还配有一个瓶塞。

贴花玻璃瓶（3件）

【说明】随着吹制玻璃技术的成熟发展，工匠可以自由地制作各种形状的玻璃器皿，装饰手法也越来越多样化。这组玻璃瓶器身装饰的弦纹、波浪纹、螺旋纹的玻璃丝非常流畅，整体银化，有的呈现出彩虹的光泽。流畅的线条审美也让这种贴花小瓶被伊斯兰玻璃工匠接受并传承。

▲ **弦纹贴花自由吹制玻璃瓶**

公元1—2世纪（罗马帝国）
高11.2厘米，腹径7.8厘米
地中海东部地区
日本平山郁夫丝绸之路美术馆藏

▲ **贴花自由吹制玻璃瓶**

公元1—2世纪（罗马帝国）
高9厘米，腹径5.5厘米
地中海东部地区
日本平山郁夫丝绸之路美术馆藏

➤ **贴花有模吹制玻璃瓶**

公元1—3世纪（罗马帝国）
高11.2厘米，总宽5.5厘米
地中海东部地区
日本平山郁夫丝绸之路美术馆藏

长颈玻璃瓶（4件）

【说明】喇叭口、细长颈、圆锥形底座是典型的香水瓶形制。这些香水瓶系自由吹制成型，器身容量较大，也衍生出多样化的容量设计，以满足人们的生活所需。在罗马帝国的吹制玻璃器具中，近乎无色透明的玻璃较为常见。古代玻璃杂质较多，单靠原材料制作透明的玻璃非常困难，但加入锑或锰作为除色剂，抑制铁质等生成颜色，调节温度，就能够制作出无色甚至淡绿色的玻璃。

公元3—4世纪（罗马帝国）
高16—20.9厘米，腹径7.8—15.3厘米
地中海东部地区
日本平山郁夫丝绸之路美术馆藏

塞浦路斯风格同心圆纹玻璃瓶（3件）

【说明】这组香水瓶系有模吹制成型，器身上布满或装饰同心圆纹饰，形成了类似磨面玻璃的效果。同心圆不仅起到装饰作用，使用时还能起到防滑作用。这3件玻璃瓶的同心圆纹采用冷琢工艺加工而成。同心圆纹装饰是典型的塞浦路斯风格，这种装饰的玻璃和陶器，从地中海走向世界，促进了东西方商贸和文化往来。

▲ 同心圆纹玻璃瓶

公元3世纪（罗马帝国）
高9.3厘米，腹径6.3厘米
地中海东部地区
日本平山郁夫丝绸之路美术馆藏

◀ 同心圆纹玻璃瓶

公元1—2世纪（罗马帝国）
高9.8厘米，腹径6.3厘米
地中海东部地区
日本平山郁夫丝绸之路美术馆藏

◀ **同心圆纹玻璃瓶**

公元3—4世纪（罗马帝国）

高12.3厘米，腹径9.5厘米

地中海东部地区

日本平山郁夫丝绸之路美术馆藏

方形玻璃瓶（2件）

【说明】这2件方形瓶系有模吹制成型，在吹制过程中将玻璃器身压在板面上，制成方形瓶身，一改传统流畅圆润的器形。这种造型常见于西亚地区盛放精油或香料的瓶子，后传入阿拉伯地区和中国。

▲ 方形玻璃瓶

公元1—3世纪（罗马帝国）
高26厘米，总宽10.8厘米
地中海东部地区
日本平山郁夫丝绸之路美术馆藏

◀ 方形玻璃瓶

公元1—3世纪（罗马帝国）
高13.8厘米，总宽6.5厘米
地中海东部地区
日本平山郁夫丝绸之路美术馆藏

鼓腹形玻璃瓶（2件）

【说明】这2件绿色玻璃小瓶系自由吹制成型，造型较简单，无纹饰，主要用于盛放香水、香油等。此类玻璃瓶在7世纪伊朗高原的萨珊王朝也多有发现。河北定县（今定州）北魏华塔塔基中出土的玻璃瓶与此相似，可能是中亚的工匠用当地的原料结合西方的玻璃工艺制造的，是西方玻璃技术向东传播的结果。

▲ 鼓腹形玻璃瓶

公元3世纪（帕提亚帝国）
高6.3厘米，腹径7.3厘米
伊朗
日本平山郁夫丝绸之路美术馆藏

▶ 鼓腹形玻璃瓶

公元3世纪（帕提亚帝国）
高9.7厘米，腹径8.5厘米
伊朗
日本平山郁夫丝绸之路美术馆藏

葡萄纹玻璃瓶（2件）

【说明】随着有模吹制技术的成熟，拟形玻璃器应运而生。这2件玻璃器周身布满葡萄纹，寓意果实成熟大丰收。古罗马人热爱饮酒，崇拜酒神，这2件香水瓶体现了人们对葡萄的喜爱以及对葡萄酒神狄俄尼索斯的崇拜。

➤ **葡萄纹玻璃瓶**

公元3—4世纪（罗马帝国）
高13.6厘米，腹径6.5厘米
地中海东部地区
日本平山郁夫丝绸之路美术馆藏

▲ **葡萄纹玻璃瓶**

公元1—2世纪（罗马帝国）
高15厘米，腹径7.5厘米
地中海东部地区
日本平山郁夫丝绸之路美术馆藏

酒壶形玻璃瓶（2件）

【说明】这2件玻璃瓶系自由吹制成型，为三叶形口，长圆柱形颈部，腹部似球形。这种器型被称为因纳霍伊（Oinochoe），名称源自对希腊陶制酒坛（Oenochoe）的模仿，意为酒壶形香水壶，是盛放香水、香油的小型容器。"Oenochoe"是古希腊陶器的主要造型之一，材质还有金属、石等。在地中海地区，按照这种酒壶的样式做成盛放香油的小型容器，从阿契美尼德王朝到罗马帝国都有发现。

▲ **酒壶形玻璃瓶**

公元3—5世纪（罗马帝国）
高11.8厘米
地中海东部地区
日本平山郁夫丝绸之路美术馆藏

▶ **酒壶形玻璃瓶**

公元4世纪（罗马帝国）
高 19.1厘米，总宽10.6厘米
地中海东部地区
日本平山郁夫丝绸之路美术馆藏

带柄玻璃瓶

【说明】 这件玻璃瓶系自由吹制成型，造型优美。口部、肩部饰玻璃带，手柄均呈青绿色。由于长期深埋土壤中导致表面玻璃呈层状风化剥离，呈现出彩虹般的金属光泽。通常用来盛放香水或香油，是古希腊、古罗马常见的玻璃器，流行于地中海东岸地区，对萨珊波斯银壶和我国瓷器均有深远的影响。

公元3—5世纪（罗马帝国）
高21.5厘米，总宽11.5厘米
地中海东部地区
日本平山郁夫丝绸之路美术馆藏

球形玻璃瓶（4件）

【说明】球形香水瓶，古希腊语为阿里巴罗斯（Aryballos），其造型源自古埃及双耳球形玻璃瓶，通常用来盛放香水或者香油。在描绘古希腊运动员洗澡场景的美术作品中，经常可以看到这种瓶子用绳子拴在运动员的手腕上，或者挂在墙上。造型从双耳的实用性把手到纽状的装饰性把手的发展，表现出罗马玻璃制造技术的日臻成熟。

▲ 球形双耳玻璃瓶

公元1—2世纪（帕提亚帝国）
高12.7厘米，总宽11.3厘米
地中海东部地区
日本平山郁夫丝绸之路美术馆藏

➤ 球形贴花玻璃瓶

公元4世纪（罗马帝国）
高8厘米，总宽8.3厘米
地中海东部地区
日本平山郁夫丝绸之路美术馆藏

▲ **球形贴花玻璃瓶**

公元4世纪（罗马帝国）

高8厘米，口径8.3厘米

地中海东部地区

日本平山郁夫丝绸之路美术馆藏

▲ **球形乳钉装饰玻璃瓶**

公元3—5世纪（罗马帝国）

高6.5厘米，腹径9.2厘米

地中海东部地区

日本平山郁夫丝绸之路美术馆藏

椰枣形玻璃瓶

【说明】此玻璃瓶表面褶皱的浮雕质感和棕色相结合，很自然地塑造成椰枣形。椰枣树作为圣树自古以来就受到人们的尊崇，干燥后的椰枣是珍贵的食物。这样小巧的香水瓶盛行于公元1—2世纪的罗马帝国。

公元1—2世纪（罗马帝国）
高8厘米，腹径3厘米
地中海东部地区
日本平山郁夫丝绸之路美术馆藏

10

玻璃器中的对称美学
——装香膏或药膏的玻璃瓶（2件）

【说明】这2件玻璃瓶系自由吹制成型，瓶身为管式，造型立体感十足，通常用来盛装药膏、香膏等，是典型罗马玻璃杯的变种，在罗马帝国时期大量生产。瓶口和瓶身的设计非常适合倾倒和控制液体的分配量。这类玻璃瓶多见发现于古希腊和古罗马的遗址，特别是墓葬中。

◀ 双管玻璃瓶

公元4—5世纪（罗马帝国）
高11厘米，总宽5.5厘米
地中海东部地区
日本平山郁夫丝绸之路美术馆藏

▶ 提手玻璃瓶

公元5—6世纪（罗马帝国）
高23.5厘米，总宽 8.2厘米
地中海东部地区
日本平山郁夫丝绸之路美术馆藏

鱼形玻璃容器

【说明】鱼形玻璃容器系自由吹制成型，造型写实，像一条海鱼，鱼嘴大张，可能在觅食。这类容器的生产中心很可能是地中海东部的某个地方。鱼形容器象征着对海洋物产丰饶的祈愿，或许是专门用来装与鱼有关的油脂类物质的容器。

▲ **鱼形玻璃容器**

公元1—3世纪（罗马帝国）

高 4.1厘米，长10厘米

地中海东部地区

日本平山郁夫丝绸之路美术馆藏

12

广口玻璃容器 (4件)

【说明】玻璃吹制技术的发明和推广，大大降低了生产成本，玻璃容器开始成为地中海沿岸常见的餐具和贮物品。玻璃容器虽然没有金属品经久耐用，但化学稳定性好，且可以清楚地看到容器内的物品，因此在日常生活中深受欢迎。口沿宽大的透明玻璃钵、瓶、罐等更是因物美价廉又实用，迅速传到世界各地。

▲ 自由吹制玻璃钵

公元1世纪（罗马帝国）
高3.9厘米，口径8.9厘米
地中海东部地区
日本平山郁夫丝绸之路美术馆藏

◀ 有模吹制玻璃罐

公元2—3世纪（罗马帝国）
高7.5厘米，总宽10.5厘米
地中海东部地区
日本平山郁夫丝绸之路美术馆藏

▼ 有模吹制玻璃瓶

公元4世纪（罗马帝国）

高7.5厘米，腹径7.2厘米

地中海东部地区

日本平山郁夫丝绸之路美术馆藏

▲ 自由吹制玻璃瓶

公元3—4世纪（罗马帝国）

高12厘米，腹径7.8厘米

地中海东部地区

日本平山郁夫丝绸之路美术馆藏

13

装墨水的带盖玻璃瓶 (3件)

【说明】这组带盖玻璃瓶系自由吹制成型，是罗马帝国的墨水瓶。罗马人主要在莎草纸和牛皮纸上书写，使用的墨水被装在像这样的小瓶子里，瓶身很大，但瓶口开口较小，可以方便用芦苇或金属制成的笔蘸取墨水。

➤ **带盖玻璃瓶**

公元1—2世纪（罗马帝国）
高9.8厘米，总宽6.3厘米
地中海东部地区
日本平山郁夫丝绸之路美术馆藏

▼ 带盖玻璃瓶

公元1—2世纪（罗马帝国）
高9.7厘米，总宽6.1厘米
地中海东部地区
日本平山郁夫丝绸之路美术馆藏

▼ 带盖玻璃瓶

公元1—2世纪（罗马帝国）
高13厘米，总宽6.5厘米
地中海东部地区
日本平山郁夫丝绸之路美术馆藏

14

照明器具
——炫彩玻璃灯（5件）

【说明】这组玻璃油灯系自由吹制成型，造型为圆锥形或圆筒形。曾有考古发掘发现这类容器出土时有残留的油料痕迹，故推测可能是灯具，应是挂在一个金属支架上，注水后灯油和灯芯浮于水面，垂下灯芯点火。有的器身装饰深蓝色斑点。彩色斑点装饰的容器在罗马帝国晚期非常流行，在地中海东岸和德国莱茵河边境都有发现。

▲ 斑点杯形玻璃灯

公元4世纪（罗马帝国）
高8.0厘米，口径9.8厘米
地中海东部地区
日本平山郁夫丝绸之路美术馆藏

▲ 斑点锥形玻璃灯

公元4世纪（罗马帝国）
高16.5厘米，口径9.5厘米
地中海东部地区
日本平山郁夫丝绸之路美术馆藏

▲ **斑点锥形玻璃灯**

公元4世纪（罗马帝国）

高19厘米，口径12.7厘米

地中海东部地区

日本平山郁夫丝绸之路美术馆藏

▲ **斑点锥形玻璃灯**

公元4世纪（罗马帝国）

高18.5厘米，口径11.8厘米

地中海东部地区

日本平山郁夫丝绸之路美术馆藏

▲ **条纹锥形玻璃灯**

公元4世纪（罗马帝国）

高19.5厘米，口径12.7厘米

地中海东部地区

日本平山郁夫丝绸之路美术馆藏

两汉时期的玻璃

04

两汉之际，海上、陆上丝绸之路得以开辟通商，汉代玻璃制作深受地中海玻璃制作技艺的影响。

在此基础上，玻璃工匠将东方艺术融入玻璃制作当中，制作了玻璃带钩、剑饰、蝉、猪握等独具特色的玻璃制品。

同时，得益于繁盛的海上丝路贸易，原产于地中海以及南亚次大陆的玻璃得以大量输入岭南地区，并进一步流传到内地，这标志着东西方文化贸易交流活动进入更高阶段。

两汉本土化玻璃器 [14件（组）]

01

西汉初年，国家重归一统，玻璃制造业迎来新发展。随着海上、陆上丝绸之路的开辟，在融合西方玻璃制造技术的基础上，国产玻璃制造技术稳步提高。玻璃碗、杯等日用器具明显增多，颜色多样。玻璃带钩、剑饰、蝉、猪握、环、珠饰等独具特色的玻璃制品，则带有浓厚的东方元素，彰显玻璃的本土化发展盛况。

▲ **蓝色玻璃环**

西汉（公元前206—公元25年）
环直径8.1厘米，杆径1.2厘米
1975年长沙咸嘉湖陡壁山曹𤫽墓出土
长沙博物馆藏

▲ 蓝色玻璃耳珰

东汉（公元25—220年）

长2.5—2.6厘米

长沙岳家坟山出土

湖南博物院藏

▲ 蓝色玻璃耳珰

东汉（公元25—220年）

长1.3厘米

1979年长沙市省水电局M3出土

长沙博物馆藏

▲ 白色玻璃耳珰

东汉（公元25—220年）

长2厘米

1981年长沙袁家岭友谊商店M24出土

长沙博物馆藏

▲ **玻璃珠等串饰**

东汉（公元25—220年）

长沙黄土岭出土

湖南博物院藏

◀ **半球形玻璃珠**

东汉（公元25—220年）

直径1.8厘米

长沙五里牌出土

湖南博物院藏

【说明】该组器物用国产的铅钡玻璃制作。

▲ **玻璃带钩**

西汉（公元前206—公元25年）
长7.8厘米
1954年广州东北郊横枝岗M2出土
广州博物馆藏

◀ 玻璃矛

西汉（公元前206—公元25年）
长18.8厘米，刃宽2.2厘米，柄长9.8厘米
1956年长沙沙湖桥M45出土
湖南博物院藏

【说明】由绿色半透明玻璃制成，刃锋利，矛脊两侧有槽，矛柄作圆柱状，柄的中部凸起呈圆球形。此件玻璃矛是西汉时期本土工匠在吸收了地中海玻璃制造技术的基础上制造的，是研究西汉玻璃制造以及见证东西方玻璃传播交流的重要实物资料。

▲ **玻璃管**

西汉（公元前206—公元25年）

长13.1厘米，直径2.2厘米

长沙谷山长沙王墓M7出土

长沙市文物考古研究所藏

【说明】长管状，中空，两端各饰一圈阴刻旋纹，旋纹之间饰凸起谷纹。

▲ **镶嵌玻璃牌饰**

西汉（公元前206—公元25年）

长8.6—10厘米，宽4.3—5厘米

广州南越王墓出土

南越王博物院藏

【说明】这件为镶嵌玻璃。早在春秋时期，工匠便熟练运用切割、打磨、抛光等技术，把玻璃制作成需要的形状进行镶嵌使用。至汉代，玻璃镶嵌技术进一步提高，在东方审美基础之上，玻璃与玉、青铜等不同材质得到完美契合，体现了玻璃制造工艺的新发展。

◀ **玻璃璧**

西汉（公元前206—公元25年）

直径9.9厘米

广州南越王墓出土

南越王博物院藏

【说明】此件玻璃璧为仿玉璧形制，是玻璃制造"中国化"的典型器物。双面饰谷粒纹。采用模具铸造而成。

◀ 蓝色弦纹玻璃杯

西汉（公元前206—公元25年）

高6.8厘米，口径9.2厘米

1988年合浦红岭头M11出土

合浦汉代文化博物馆藏

▶ 玻璃碗

西汉（公元前206—公元25年）

高7.5厘米，口径10.7厘米

2000年南阳理工学院墓葬出土

南阳文物保护研究院藏

▼ 玻璃盘

东汉（公元25—220年）
高2.5厘米，口径12.7厘米
1988年合浦母猪岭M1出土
合浦汉代文化博物馆藏

【说明】以上三件为玻璃杯、碗、盘。西汉中期以后，东西方航海线路已逐渐开通，合浦港发展成为海上丝绸之路的最东端起点，地中海、印度、东南亚地区的玻璃制造技术也随之传入东方，并在越南北部以及我国华南地区形成了玻璃制作中心，向四周传播。这组玻璃杯、碗、盘是这一时期玻璃制造业的本土发展以及东西方海上商业交易和文化交流的实物见证。

域外进口玻璃 [4件(串)]

02

两汉之际，丝路兴盛，海运发达。东南沿海的合浦港、广州港等逐步发展成为东西方商品贸易的集散地。玻璃环、玻璃珠等种类繁多的海外玻璃随之传入，并深入广东、湖南等地，对本土玻璃的制作发展产生积极影响。

▲ 蓝色玻璃环

西汉（公元前206—公元25年）
外径7.5—7.6厘米，内径3.2厘米
1984年合浦饲料公司M7出土
合浦汉代文化博物馆藏

【说明】汉代合浦港是海上丝绸之路的重要商贸枢纽，与东南亚各国和西方诸国的海上交通贸易往来十分频繁。来自印度半岛及东南亚各国的商人携带玻璃、玛瑙、琥珀等奇珍异宝沿海路抵达合浦，以交换丝织品、珍珠、陶瓷器。这件蓝色玻璃环为中等钙铝钾玻璃，应为缅甸所产。

▲ **玻璃管**

汉代（公元前206—公元220年）
直径3.1厘米，长2.6厘米，高7厘米
湖南博物院藏

【说明】经检测，这件玻璃管以中等钙铝钾玻璃制成，是通过海上丝绸之路传入东南沿海，然后经内河航道转运至内地的舶来品。

▲ **蓝色玻璃珠串**

东汉（公元25—220年）
直径0.1—0.2厘米
1981年长沙火车站邮政局出土
长沙博物馆藏

【说明】这组玻璃珠是典型的采用拉制法制作的印太贸易珠，产自印度，经过海上丝绸之路传到中国，作为财富的象征，陪伴墓主人长眠于地下。

▲ 夹金玻璃珠串

东汉（公元25—220年）
总长48厘米
长沙杨家湾出土
湖南博物院藏

【说明】这组夹金玻璃珠采用
典型的罗马夹金玻璃工艺制
成，是通过海上丝绸之路传入
我国。此类玻璃珠在广东、广
西、湖南等地多有出土。

进入公元5世纪，罗马帝国业已分裂，萨珊王朝走向极盛。

萨珊玻璃更注重切面和磨花技术的提高。拜占庭玻璃则发扬了马赛克玻璃和夹金箔玻璃传统。

之后的伊斯兰玻璃成了玻璃制造和装饰技艺集大成者。阿拉伯帝国不断创新玻璃技艺，大规模生产和对外贸易，推动各地玻璃技艺相互融合与影响。

萨珊玻璃和伊斯兰玻璃沿丝路东传，推动中国玻璃制造业的发展，中国玻璃制造业经历了从六朝贵族的斗富奢侈品到唐宋的供佛珍品、逐步世俗化的发展过程。

第四单元

公元
6世纪
—
公元
14世纪

影响

萨珊玻璃

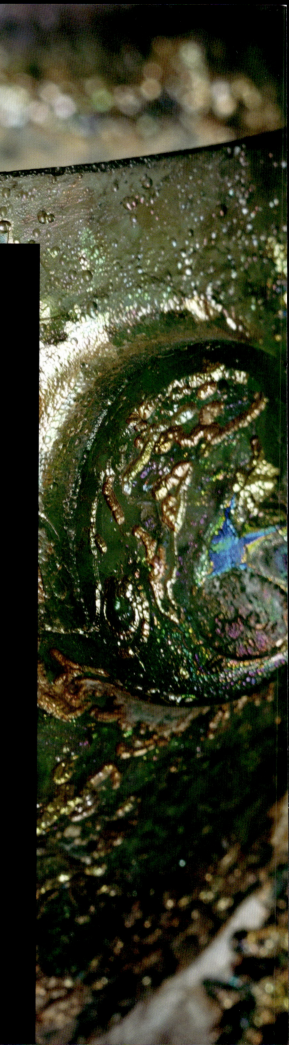

公元3—7世纪，萨珊王朝统治了伊朗高原及其周边地域。

社会安定，经济繁荣，贸易繁盛，使得玻璃制造技艺长足发展，一时独领风骚。

萨珊玻璃在汲取罗马玻璃技艺的基础上，发展出高超切面和磨花技术。

与此同时，萨珊玻璃也通过丝绸之路传到中国，在六朝时期的贵族墓中多有发现，见证了波斯与中国的贸易往来。

01

玻璃印章

【说明】这是一枚半球体玻璃印章。采用模具铸造、宝石加工工艺制成。印面雕刻带翼神马纹，印面上方有铭文。带翼神马是萨珊王朝制作印章的常用题材，神马的形象和国王、勇士的力量紧密相关。

印面图

侧面图

▲ **半球形绿玻璃印章**

公元3—7世纪（萨珊王朝）

直径1.7厘米

伊朗

日本平山郁夫丝绸之路美术馆藏

模具铸造玻璃嵌饰

【说明】这件嵌饰采用模具铸造、浮雕玻璃工艺制作，其上雕刻一个波斯王或贵族的胸像。人像为半身侧脸，虽磨损严重，五官难辨，但卷曲蓬松的头发、胡须以及头饰和胸饰依稀可见，与萨珊玻璃银币和银盘上的波斯王形象相似。这种嵌饰可作护身符，佩戴于身，驱邪避祸。

▲ **浮雕人物胸像玻璃嵌饰**

公元3—7世纪（萨珊王朝）
直径2.6厘米，厚0.96厘米
伊朗
日本平山郁夫丝绸之路美术馆藏

磨花玻璃技术

　　希腊–罗马的玻璃工匠开始使用轮盘磨具在模具铸造的玻璃器表面砣刻出精细的纹饰。阿契美尼德王朝的玻璃工匠最先在较厚的玻璃器器壁上刻出连续且均匀对称的蜂窝状凹纹。萨珊王朝将这一纹饰制度化和规范化后发扬光大，使其成为萨珊玻璃器的典型纹饰。表面装饰有蜂窝状凹纹的玻璃器可以折射出万花筒般的幻象。这类玻璃器在萨珊王朝之后一度销声匿迹，文艺复兴后在意大利南部的玻璃工坊中有零星出现，17世纪后波西米亚的玻璃匠人重新大规模复兴了切割磨花玻璃装饰技术。18世纪后，一些移民美国的玻璃匠人以此为基础，开创出表面具有复杂几何装饰的"辉煌玻璃"。

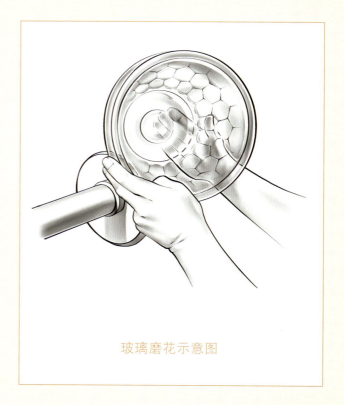

玻璃磨花示意图

乳钉纹磨花玻璃碗

【说明】此件乳钉纹磨花玻璃碗是用工具在自由吹制的玻璃器壁上拔出乳钉形，再打磨地子而成。乳钉纹是我国新石器时代陶器、商周青铜器和战国玻璃器上常见的纹饰，在我国有着深厚的文化认同感。我国西晋贵族墓出土过萨珊乳钉纹磨花碗，西晋文人潘尼作《琉璃碗赋》，盛赞西域玻璃碗的绝美，体现了我国在魏晋时期与萨珊王朝的商贸往来和文化交流。

公元3—4世纪（萨珊王朝）

高8厘米，口径11.1厘米

地中海东部地区

日本平山郁夫丝绸之路美术馆藏

萨珊珍品
——圆形磨花玻璃碗(4件)

【说明】萨珊玻璃有一个显著特征：器表饰连续小圆形。小圆形多呈蜂窝状切面，刀工犀利。在玻璃壁上有凹圆形、凸圆形、同心圆形等不同形态，体现了萨珊玻璃工匠高超的切面打磨技艺。我国六朝世族大墓出土的萨珊圆形磨花玻璃器均为稀罕珍品。萨珊玻璃器经我国传入日本，正仓院藏有传世1000多年的萨珊玻璃器。此组磨花碗的碗坯系模具铸造成型。

▲ 凹圆形磨花玻璃碗

公元5—7世纪（萨珊王朝）
高8.7厘米，口径12.2厘米
伊朗
日本平山郁夫丝绸之路美术馆藏

◀ 凹圆形磨花玻璃碗

公元5—7世纪（萨珊王朝）
高9厘米，口径10.6厘米
伊朗
日本平山郁夫丝绸之路美术馆藏

▲ 同心圆形磨花玻璃碗

公元5—7世纪（萨珊王朝）

高8.4厘米，口径11.2厘米

伊朗

日本平山郁夫丝绸之路美术馆藏

▼ 同心圆形磨花玻璃碗

公元5—7世纪（萨珊王朝）
高8厘米，口径10.3厘米
伊朗
日本平山郁夫丝绸之路美术馆藏

凹圆形磨花高足玻璃杯

公元5—7世纪（萨珊王朝）
高7.9厘米，口径12.9厘米
伊朗
日本平山郁夫丝绸之路美术馆藏

【说明】这件高足玻璃杯采用典型的萨珊玻璃冷加工磨花技艺制作，在杯体外壁连续切出蜂窝状凹圆面，刀工凌厉，技艺高超。高足杯既见于玻璃器，又是萨珊金银器的常见器型。

07

凸圆纹磨花玻璃碗

【说明】这种凸圆纹磨花碗，碗坯系模具铸造，与凹圆形磨花碗不同的是将圆形周边的地子磨去，使圆形呈现高浮雕效果。冷加工去地磨花的玻璃器是珍贵品种，萨珊国王常将其作为贵重的礼品相赠。我国北朝贵族墓出土过相同的凸圆纹玻璃碗。

公元5—7世纪（萨珊王朝）
高9.5厘米，口径11.7厘米
伊朗
日本平山郁夫丝绸之路美术馆藏

圆筒形磨花玻璃器

【说明】这件圆筒形玻璃器中空，一头封闭，一头开口，是用来装香水或药膏的器皿，在伊朗的遗址和墓葬中均有出土。器壁以连续蜂窝状小圆形为饰，切工劲道，刀锋犀利，为典型萨珊玻璃风格，可惜器表风化变白。整器采用了模具铸造和磨花两种工艺。

公元5—7世纪（萨珊王朝）
长26厘米，直径2.6厘米
伊朗
日本平山郁夫丝绸之路美术馆藏

拜占庭玻璃

公元395年，罗马帝国分裂，其中东罗马帝国主要在地中海东岸，都城拜占庭（现为伊斯坦布尔），又称拜占庭帝国（公元395—1453年）。

拜占庭帝国疆域辽阔，域内囊括了地中海东岸的玻璃制造中心，拜占庭玻璃从此而来。

拜占庭玻璃有两个主要特征：

一是延续了古罗马玻璃的华美，但未有突破；

二是与其东面的萨珊玻璃相互影响，突出表现在磨花工艺上。

01

扁弧形口玻璃壶（2件）

【说明】这2件玻璃壶系有模吹制成型，造型独特，器形优美，扁弧形口，长颈，六棱腹，单曲柄。六棱腹是拜占庭玻璃瓶和壶的特色。此类玻璃壶是盛装香水、香油的器具。扁弧形口在古希腊-罗马玻璃壶、萨珊波斯银壶和我国瓷壶上均可见。利于出水的流口设计加之形态美，扁弧形口容器从地中海到东亚广为流行，是东西方文明交流的实物见证。

➤ **扁弧形口玻璃壶**

公元6—7世纪（拜占庭帝国）
高9.3厘米，总宽6.6厘米
耶路撒冷
日本平山郁夫丝绸之路美术馆藏

> **扁弧形口玻璃壶**

公元6—7世纪（拜占庭帝国）
高10.6厘米，总宽5.2厘米
耶路撒冷
日本平山郁夫丝绸之路美术馆藏

夹金箔玻璃砖

【说明】这是一块华贵的夹金箔玻璃砖，纹样为金色三角形组成的十字架。这块玻璃砖原应镶嵌在教堂墙面上，与众多小玻璃砖块组成马赛克装饰面，用于美化建筑物。

公元9—12世纪（拜占庭帝国）
高8厘米，宽9厘米
耶路撒冷
日本平山郁夫丝绸之路美术馆藏

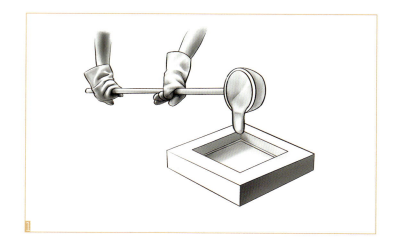

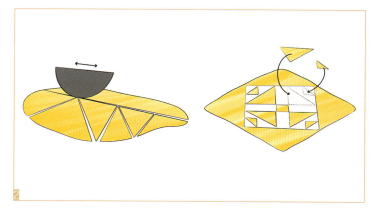

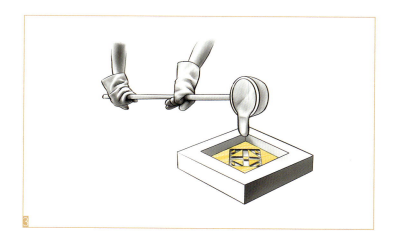

○ 夹金箔玻璃砖制作示意图

1. 在范具中用热熔的玻璃液浇铸出平整的底板玻璃料。

2. 切割金箔成合适的形状，趁底板料尚未完全凝固时按设计好的图案贴附于其表面。

3. 再用热熔玻璃覆盖其上达到完全封闭并保护的目的，完全冷凝后切割四周，使之平整便可得到成品。

伊斯兰玻璃

3

公元7世纪，阿拉伯人崛起于中东沙漠地区，迅速扩张，取代萨珊王朝，西进至地中海东岸，建立横跨亚、非、欧三大洲的帝国。阿拉伯帝国政教合一，信仰伊斯兰教，继承并发扬亚欧古典文化，创造了伊斯兰文明，并促进了东西方文化交流和商贸往来。

伊斯兰玻璃传承了古埃及、古罗马和萨珊玻璃制造工艺，并融入伊斯兰文化，兼收并蓄，将玻璃制造推向历史新高度，被欧洲各国誉为"伊斯兰之花"，影响了威尼斯玻璃等近代玻璃工艺。

阿拉伯帝国地处亚欧贸易要冲，为丝绸之路的中转站，伊斯兰玻璃成为沟通东西方的重要贸易商品。

在中国，伊斯兰玻璃多出土于寺庙塔基和贵族墓葬，如唐法门寺地宫、北宋静志寺塔基和辽陈国公主墓等，且异常精美。

01

珐琅彩玻璃技术

珐琅彩玻璃技术是用彩色釉料在玻璃器表面绘画，然后加热使其熔融贴附于玻璃器表面，以形成持久而鲜艳的图案。最早短暂地出现于古埃及时期，而后在罗马帝国的疆域内被大量制造并向外广泛贸易，出土于阿富汗贝格拉姆遗址的彩绘玻璃杯就是其中的典型代表。彩绘珐琅和镀金技法在伊斯兰地区被复兴、改进创新后广泛运用，并生产出大量精湛而壮观的珠宝和宗教制品，如清真寺玻璃灯和高脚杯等。此后此技术开始衰落，17世纪以后威尼斯的工匠零星制作了一些珐琅彩玻璃，19世纪以后法国玻璃工匠结合当时流行的巴洛克风格复兴了这一工艺。

○ 珐琅彩玻璃工艺示意图

1. 研磨彩色玻璃或宝石为细粉末状。

2. 加特制的液体（如黏合油）等物质将有色粉末调配为颜料。

3. 用硬笔或软笔蘸取颜料在玻璃器表面绘画出图案。

4. 待完全干燥固定后，将玻璃器重新加热至一定温度，使得粉末状的颜料熔融紧密贴附于器物表面，颜色鲜艳不脱落。

伊斯兰珐琅彩玻璃片（9件）

公元13—14世纪

高2.8—6厘米，宽1.9—6.6厘米

叙利亚

日本平山郁夫丝绸之路美术馆藏

【说明】这组玻璃片虽残尤珍，珐琅彩用色丰富，色泽艳丽，体现了伊斯兰珐琅彩玻璃的富丽堂皇和高超技艺。

古埃及玻璃遗风
——伊斯兰羽状纹玻璃小壶（2件）

【说明】这2件玻璃小壶系采用卷芯成型法制成，外壁饰羽毛状纹样，曲线优美，富有动感，具有埃及玻璃装饰风格，应是玻璃制造中心福斯塔特（位于今开罗）生产。阿拉伯人统治下的埃及玻璃工匠依然烧制埃及风格的玻璃器。伊斯兰玻璃的丰富多彩得益于各地工匠在保持各区域原有玻璃装饰特色的基础上，融多方之长并创新发展，既有地域特色，又具时代精神。

▲ 羽状纹玻璃小壶

公元6—7世纪
高8.5厘米，腹径8.1厘米
埃及
日本平山郁夫丝绸之路美术馆藏

▲ 羽状纹玻璃小壶

公元7—8世纪
高8厘米，腹径7.8厘米
叙利亚-埃及
日本平山郁夫丝绸之路美术馆藏

罗马风格玻璃

▲ **伊斯兰贴花高足玻璃碗**

公元8世纪
高8.6厘米，口径17.5厘米
伊朗
日本平山郁夫丝绸之路美术馆藏

【说明】这件玻璃碗系自由吹制而成，大敞口，深弧腹，高足较小。器形源自希腊化-罗马帝国的有底托玻璃钵，带有罗马玻璃风格。器身用玻璃丝贴花水波纹。整器制作较为粗糙，反映了玻璃器在伊斯兰地区已大规模生产和销售，成为阿拉伯人日常生活用器。

04

萨珊玻璃遗韵
——伊斯兰磨花玻璃器（3件）

【说明】伊斯兰玻璃品种丰富，玻璃各具特色是因受到各地原有玻璃风格的影响。这组伊斯兰磨花玻璃器的粗坯系模具铸造，再施加磨花玻璃工艺，产自伊朗，玻璃工匠依然烧制萨珊最具特色的切面磨花玻璃，但刀工已不及从前凌厉。早期伊斯兰玻璃尚未完全形成自身独特风格和装饰技艺，带有萨珊玻璃烙印。我国敦煌莫高窟唐代壁画和绢画上可见磨花玻璃器，为萨珊玻璃或带有萨珊风格的早期伊斯兰玻璃。这些异域玻璃器常盛放鲜花，或托于菩萨手中，或供于佛前，足见其之珍贵。

▼ **磨花玻璃杯**

公元6—7世纪
高12.3厘米，口径10.3厘米
伊朗
日本平山郁夫丝绸之路美术馆藏

➤ 磨花玻璃钵

公元6—7世纪
高7.2厘米，口径9.8厘米
伊朗
日本平山郁夫丝绸之路美术馆藏

▼ 磨花玻璃盘

公元6—7世纪
高4.7厘米，直径15.7厘米
伊朗
日本平山郁夫丝绸之路美术馆藏

05

早期伊斯兰玻璃
——贴花小瓶（2件）

【说明】早期伊斯兰玻璃器上常贴塑各种形状的花纹饰。这2件香水瓶采用了自由吹制技法，且用玻璃细丝在玻璃瓶表面缠绕成螺旋纹、八角星纹等。因其表面风化，故不能呈现当年的风华。不过我国法门寺地宫中出土了一件伊斯兰贴花玻璃瓶，保存完好，再现贴花之美。

➤ 贴花玻璃瓶

公元7—8世纪
高7.5厘米，腹径4.7厘米
叙利亚
日本平山郁夫丝绸之路美术馆藏

细节特写

▲ **贴花玻璃瓶**

公元7—8世纪

高11.7厘米，直径4.8厘米

伊朗

日本平山郁夫丝绸之路美术馆藏

萨珊玻璃工艺的模仿与传承
——凸圆纹贴花玻璃小壶（3件）

【说明】这3件凸圆纹贴花玻璃小壶是伊斯兰早期玻璃，带有明显萨珊玻璃装饰风格。壶腹外壁上的凸圆纹装饰常见于萨珊玻璃，一直延续至伊斯兰早期玻璃，此后逐渐消失不见。

➤ 凸圆纹贴花玻璃小壶

公元7—8世纪
高6厘米，腹径5.6厘米
叙利亚
日本平山郁夫丝绸之路美术馆藏

◄ 凸圆纹贴花玻璃小壶

公元7—8世纪
高6厘米，腹径5.6厘米
叙利亚
日本平山郁夫丝绸之路美术馆藏

▶ 凸圆纹贴花玻璃小壶

公元7—8世纪
高5.1厘米，腹径5.2厘米
伊朗
日本平山郁夫丝绸之路美术馆藏

改进与创新
——伊斯兰珐琅彩自由吹制玻璃器（2件）

【说明】伊斯兰玻璃工匠将珐琅彩玻璃发展到一个全新高度。有学者考证伊斯兰珐琅彩玻璃的诞生在某种程度上受到波斯三彩影响，而波斯三彩则受中国唐三彩影响。早期伊斯兰珐琅彩玻璃是在玻璃表面施以不透明彩料，我国法门寺地宫便出土了一件伊斯兰珐琅彩玻璃盘。自13世纪以来，伊斯兰工匠开始使用珐琅彩，珐琅彩色彩更加亮丽，纹饰更为丰富，饰以各种草木花卉和阿拉伯文字等。这2件玻璃瓶是采用珐琅彩的伊斯兰玻璃器，可惜表面风化严重，失去了昔日芳华。

➤ 伊斯兰珐琅彩玻璃瓶

公元14世纪

高14.1厘米，腹径5.5厘米

叙利亚－埃及

日本平山郁夫丝绸之路美术馆藏

公元14世纪

高9厘米，宽7.5厘米，厚3厘米

叙利亚—埃及

日本平山郁夫丝绸之路美术馆藏

彼之眼影瓶 我之舍利瓶
——直颈玻璃小瓶（6件）

【说明】伊斯兰工匠生产大量直颈玻璃小瓶，用来装眼影粉等化妆品。阿拉伯人的眼影粉主要成分是方铅矿，再加入砂糖、乳香、没药或碳化物等研磨而成，装入小瓶中。小玻璃瓶胎壁厚实，多为有模吹制成型，瓶腹常制成长方体，或凸棱状，或橄榄形等。这种小玻璃瓶是大宗出口贸易品。在中国，它们是盛放佛骨的珍贵舍利瓶。白居易《游悟真寺诗》咏舍利瓶："双瓶白琉璃，色若秋水寒。隔瓶见舍利，圆转如金丹。"宋代塔基有玻璃小瓶出土，均盛放舍利，或饰以银盖，或盖以玉纽、套以金函，或置于鎏金银棺内。

➤ 伊斯兰玻璃眼影瓶

公元9—10世纪
高6.4厘米，腹径2.9厘米
埃及-伊朗
日本平山郁夫丝绸之路美术馆藏

▲ **伊斯兰玻璃眼影瓶**

公元12世纪
高5.1厘米，腹径2.3厘米
埃及−伊朗
日本平山郁夫丝绸之路美术馆藏

▲ **伊斯兰玻璃眼影瓶**

公元9—10世纪
高6.7厘米，腹径2.9厘米
埃及−伊朗
日本平山郁夫丝绸之路美术馆藏

 伊斯兰玻璃眼影瓶

公元9—10世纪

高5.5厘米，腹径1.7厘米

埃及–伊朗

日本平山郁夫丝绸之路美术馆藏

▲ 伊斯兰玻璃眼影瓶

公元9—10世纪

高8.5厘米

伊朗

日本平山郁夫丝绸之路美术馆藏

▼ 伊斯兰玻璃眼影瓶

公元12世纪

高8厘米，腹径6.8厘米

伊朗

日本平山郁夫丝绸之路美术馆藏

模仿金银器造型
——伊斯兰带把玻璃瓶（5件）

【说明】这组玻璃瓶都配有一个曲柄把手，器形来源于同时期的金银器执壶，应为水器。唐宋时期，阿拉伯帝国与我国政治、经济和文化交往甚密，特别是辽代，两国关系密切，皇族之间通婚。我国唐宋时期各大窑口均烧造执壶，并远销海外。辽代贵族墓和塔基出土不少带把玻璃瓶和银质执壶。经由中国，带把玻璃瓶传至日本，现有藏品珍藏于正仓院。带把玻璃瓶是文明交融的见证物。

▲ 白由吹制带把玻璃瓶

公元9—10世纪
高14.7厘米，总宽9厘米
伊朗
日本平山郁夫丝绸之路美术馆藏

◄ 白由吹制带把玻璃瓶

公元9—10世纪
高22.2厘米，总宽12厘米
伊朗
日本平山郁夫丝绸之路美术馆藏

▲ 自由吹制带把玻璃瓶

公元12—13世纪

高13.4厘米，总宽9厘米

叙利亚

日本平山郁夫丝绸之路美术馆藏

▲ 自由吹制带把玻璃瓶

公元9—10世纪

高12.8厘米，总宽8厘米

伊朗

日本平山郁夫丝绸之路美术馆藏

▲ 有模吹制带把玻璃瓶

公元10—11世纪

高11.7厘米，总宽6.5厘米

伊朗

日本平山郁夫丝绸之路美术馆藏

10

伊斯兰玻璃香水瓶 (2件)

【说明】这2件平底玻璃瓶，器形相似，斜颈平底，玻璃壁厚，器壁上有伊斯兰文化中常见的几何纹和植物纹，连续不断，又富于变化。我国北宋塔基中亦出土了这类伊斯兰玻璃瓶，瓶壁较厚，其上满布几何纹饰。因其来之不易而显珍贵，多为供佛之物。

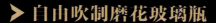

➤ 自由吹制磨花玻璃瓶

公元9—10世纪
高15.5厘米，腹径8.4厘米
伊朗
日本平山郁夫丝绸之路美术馆藏

> **有模吹制玻璃瓶**

公元11—12世纪
高12.7厘米，腹径7.5厘米
伊朗
日本平山郁夫丝绸之路美术馆藏

11

颈长且细留香住

——伊斯兰玻璃玫瑰水瓶（2件）

【说明】这2件玻璃瓶系自由吹制成型，颈部长且细小，是为了保留住花香而特别设计的玫瑰水瓶。阿拉伯人将玫瑰精油与蒸馏水混合，过滤后得到芳香四溢的玫瑰水。叙利亚的大马士革是著名的玫瑰产地，这种玫瑰水瓶也多产自叙利亚地区。玫瑰水是奢侈品，可喷在身上，可洒于室内，还可让衣物芬芳，可用于烹饪，也可作为高级礼品，在中国史书的贡品清单中列有玫瑰水。

> **玻璃玫瑰水瓶**

公元12—13世纪

高13.8厘米，腹径7.8厘米

叙利亚

日本平山郁夫丝绸之路美术馆藏

> **玻璃玫瑰水瓶**

公元12—13世纪
高23厘米，腹径10.5厘米
叙利亚
日本平山郁夫丝绸之路美术馆藏

12

彼之玻璃器 吾之美瓷瓶
——各式伊斯兰玻璃瓶（4件）

【说明】公元9—10世纪，伊斯兰玻璃工匠生产了各式造型优美的玻璃瓶，有水瓶、花瓶和香水瓶等。宋辽时期这些玻璃瓶输入中国，成为贵族佳器和佛寺珍品，被绘入画中，瓶中插柳枝，置于菩萨旁。伊斯兰玻璃瓶对中国瓷瓶新品的诞生产生了影响，催生了汝窑纸槌瓶、定窑盘口长颈瓶、明清御窑天球瓶等新品种。美瓷瓶多为酒器、花器、陈设瓷和赏赐品。中国瓷器也受到伊斯兰人的狂热喜爱、购买和竞相模仿。这组伊斯兰玻璃瓶是东西方文化交流和贸易往来的见证。

长颈球腹玻璃瓶

公元9—10世纪

高15厘米

伊朗

日本平山郁夫丝绸之路美术馆藏

◀ **磨花盘口折肩平底玻璃瓶**

公元9—10世纪

高8.2厘米，腹径5.8厘米

伊朗

日本平山郁夫丝绸之路美术馆藏

▲ 盘口长颈圈足玻璃瓶

公元9—10世纪
高18厘米，腹径7厘米
伊朗
日本平山郁夫丝绸之路美术馆藏

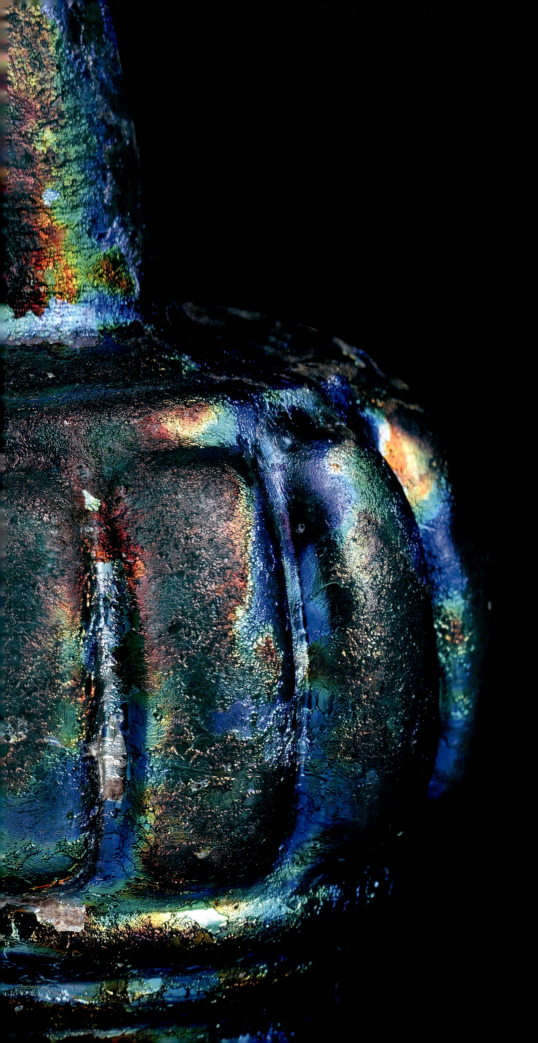

▲ 短颈瓜棱玻璃小瓶

公元9—10世纪
高7.5厘米，腹径6.7厘米
伊朗
日本平山郁夫丝绸之路美术馆藏

13

寻常百姓家的食具
——伊斯兰玻璃碗和钵（7件）

【说明】伊斯兰玻璃工匠用有模吹制法和自由吹制法大规模生产碗、钵、杯等日常生活用器。这些日用碗、钵器皿造型简约、纹样朴实，是百姓家的餐具。有模吹制的碗钵造型大同小异，器壁有直壁和斜壁之分，器底多为平底，亦有三足者。呈色有浓淡不一的蓝与绿。器表多素面，亦有水波纹、圆圈纹和网格纹等少许装饰。

▼ **自由吹制蓝玻璃碗**

公元10—11世纪
高4.7厘米，口径9.5厘米
伊朗
日本平山郁夫丝绸之路美术馆藏

▼ **自由吹制绿玻璃碗**

公元12—13世纪
高5.5厘米，口径12.1厘米
伊朗
日本平山郁夫丝绸之路美术馆藏

◀ 自由吹制乳浊白玻璃碗

公元12—13世纪
高4.5厘米，口径8厘米
伊朗
日本平山郁夫丝绸之路美术馆藏

▶ 自由吹制绿玻璃钵

公元10—11世纪
高4.5厘米，口径11.5厘米
伊朗
日本平山郁夫丝绸之路美术馆藏

◀ 自由吹制绿玻璃钵

公元10—11世纪
高5.5厘米，口径11.2厘米
伊朗
日本平山郁夫丝绸之路美术馆藏

◀ 有模吹制绿玻璃钵

公元10—11世纪

高4.7厘米，口径11.2厘米

伊朗

日本平山郁夫丝绸之路美术馆藏

▼ 自由吹制三足玻璃钵

公元10—11世纪

高8.5厘米，口径22.5厘米

伊朗

日本平山郁夫丝绸之路美术馆藏

中国出土的伊斯兰玻璃瓶

14

【说明】这件玻璃瓶是采用有模吹制法制作成型的伊斯兰玻璃瓶。圆唇、束颈、广肩，腹部有11道凸棱，平底。此瓶透明度较高，通体呈深浅不一的绿色，瓶口、凸棱和瓶底壁厚处呈翠绿色，薄处则于透亮中闪绿。该瓶出土于广东省广州市珠江江心岛上的康陵，瓶主人是五代十国时期南汉开国皇帝，可见其之珍贵。

▶ 绿玻璃瓶

南汉（公元917—971年）
高12厘米
广州南汉康陵出土
南汉二陵博物馆藏

15
戴在手上的绚丽
——伊斯兰多彩玻璃手镯（3组）

【说明】玻璃手镯一直以来都是重要的玻璃饰品。在受到伊斯兰文化影响之前的玻璃手镯多为单色、无纹的朴素款式。伊斯兰玻璃工匠改进工艺，让玻璃手镯绚丽起来。自公元9世纪，工匠开始在玻璃棒上缠绕各种彩色玻璃，玻璃手镯一改往日素洁之风。公元13世纪前后，诞生了由蓝、绿、黄绿、黄、橘、红、白和黑等各色组成的马赛克玻璃手镯。华丽绚烂的伊斯兰玻璃手镯成为深受人们喜爱的商品，广泛贸易，大量流通于西亚、地中海东岸到北非绿洲和波斯湾地区。

➤ 玻璃手镯

公元11—12世纪

直径7.9—8.3厘米

叙利亚

日本平山郁夫丝绸之路美术馆藏

▲ 玻璃手镯

公元10—12世纪

直径7.1—8.5厘米

叙利亚

日本平山郁夫丝绸之路美术馆藏

▲ **玻璃手镯**

公元9—10世纪
直径5.4—12厘米
叙利亚
日本平山郁夫丝绸之路美术馆藏

隋至明中国
自制玻璃

04

在东方，中国工匠自春秋战国便已开始烧制国产玻璃。至隋唐宋元明时期，国产玻璃的生产门类不断增多。

玻璃制品也从玻璃珠、戒指、发钗、发簪、皮带扣和带板等玻璃小饰品，到玻璃碗、盏、钵、瓶、香炉、砚台和唾壶等各种日常生活用器，再到玻璃葡萄、龟和鱼等仿生品，各类玻璃已臻完备，玻璃使用范围更为广泛。

在西方玻璃制造技术的启发下，我国古代工匠采用本土材料和工艺进行仿制和创新，独立发展出中国古代玻璃制造技术。器物的造型设计以及质感、质量等诸多指标超越进口玻璃，并与本土文化相契合，体现出独特的中国传统审美。

仿珍贵材料的国产玻璃饰品 [7件（组）]

▲ 白色玻璃发钗

南宋（公元1127—1279年）

长19.2厘米

1953年长沙南门广场M54出土

湖南博物院藏

▶ 玻璃戒指

隋（公元581—618年）

直径2.2厘米

长沙陆家冲M3出土

湖南博物院藏

▲ **玻璃簪**

宋（公元960—1279年）
长14.5厘米
1965年长沙梅子山M16出土
湖南博物院藏

▲ **玻璃簪**

南宋（公元1127—1279年）
长7.9厘米
1955年长沙丝茅冲M1出土
湖南博物院藏

▲ **玻璃发钗**

唐（公元618—907年）

通长17厘米

长沙出土

长沙博物馆藏

◀ **菊花纹玻璃扣饰**

明（公元1368—1644年）

直径6.5厘米，厚0.6厘米

长沙博物馆藏

▲ 玻璃带板

明（公元1368—1644年）

长2.9—4厘米，宽2.7—2.9厘米

长沙火车站工地出土

湖南博物院藏

玻璃非玉，但可比玉。

玻璃纯净，南宋诗人陆游一语"镜湖俯仰两青天，万顷玻璃一叶船"，以玻璃的清澈通透修饰镜湖之水。

玻璃斑斓，古罗马工匠创制的千花玻璃器具，总会让人误入"乱花渐欲迷人眼"的梦幻世界。

玻璃永恒，西汉江都王刘非墓中出土的整套22件玻璃编磬，仍能发出清脆悠扬的乐声，可谓一曲"璃"歌两千年。

玻璃质坚，以其绚烂的色彩带给世人炫彩华章；玻璃易碎，却总能在砂与火的淬炼中重获新生。

丝路千年，古道悠长。往来之间，始终闪烁着玻璃光辉。黄沙漫漫，薪火燎燎。丝路依旧，奏响这曲砂与火之歌。

结

语

探寻丝路玻璃世界的奥秘
——解读"砂与火之歌——丝路玻璃文化展"

周慧雯[1] 喻燕姣[2]
1. 长沙博物馆
2. 湖南博物院，科技考古与文物保护湖南省重点实验室

2022年是联合国国际玻璃年，也是联合国首次以单一材料来命名的一个年份，其主题的第一句话就是"庆祝玻璃的过去、现在和未来"，而这一年又恰逢中日邦交正常化50周年。基于这两种情况，在"东亚文化之都"的长沙很应景地举办一个以日本收藏家藏品为主的"世界玻璃展"就成为理所当然。于是，在日本国驻华大使馆和中国文物交流中心的支持下，长沙博物馆联合日本平山郁夫丝绸之路美术馆、湖南博物院等国内外文博机构，于9月10日至12月11日隆重推出"砂与火之歌——丝路玻璃文化展"。展览精选了日本平山郁夫丝绸之路美术馆收藏的西方古代玻璃器325件（套），同时展出长沙博物馆、湖南博物院、合浦汉代文化博物馆、甘肃省文物考古研究所、南越王博物院、广州博物馆、广州市文物考古研究院、南阳文物保护研究院等8家单位收藏的考古出土的国内玻璃器55件（套），总共380件（套）世界古代玻璃器，讲述了人造材料——玻璃的过去，以玻璃工艺的发展历史为线索，呈现东西方之间玻璃文化交流的历史图景，彰显文明因交流而多彩、文明因互鉴而丰富的世界智慧。

一、策展理念和主题思想

玻璃历史源远流长，它是最早发明的人造材料之一，也是古代最昂贵的材料之一。玻璃诞生于西亚两河流域，古埃及、古罗马将其发扬光大。在古代西亚、埃及、欧洲，玻璃一直是上层社会的奢侈品，与黄金、宝石同值。现今中国境内

发现的古代玻璃出现较晚。中国人崇尚玉器，又有陶瓷器作为实用容器，故而玻璃一直没能成为社会主要的工艺品以及实用器。玻璃对于中国古人来说，充满神秘感，在宋元以前它的价值甚至凌驾于宝石、金银之上。最为独特的是，中国古代玻璃出现伊始，就与丝绸之路有不解之缘，在宏大的历史背景下，玻璃担负着文化传播的角色，成为人们了解异域文明的媒介。

日本平山郁夫丝绸之路美术馆收藏有大量的丝绸之路上的精美玻璃器，可以见证古代玻璃的发展历程以及由西向东的传播过程。本展览以日本平山郁夫丝绸之路美术馆所藏的325件（套）世界古代玻璃器为基础，结合国内出土的55件（套）玻璃制品，以时间为脉络，以玻璃工艺发展为线索，展示玻璃在世界文明发展进程中的作用及所蕴藏的文化内涵，呈现出古代丝绸之路沿线玻璃世界的多彩文化，使观众更直观地感受丝绸之路沿线各国数千年东西方文明的交流、碰撞与融合，见证古老丝绸之路交流互通精神的悠远传承。

二、展览的主要内容

本次展览共展出来自埃及、两河流域、地中海东岸、伊朗和中国等地的380件（套）玻璃器，分为"初现与兴起""发展与传播""繁荣与绽放""融合与影响"四个单元（图一）。

第一单元"初现与兴起"，时间跨度为公元前3千纪 — 公元前9世纪。本单元分为"早期玻璃工艺""玻璃的初兴"两组，主要体现玻璃作为人类历史中第一次真正意义上合成材料的意义和价值。同时，利用早期实物阐述其在文化和贸易上的重要作用。早期玻璃器的兴起和贸易往来为第二阶段玻璃的发展与传播打下基础。

玻璃初现于两河流域和古埃及，在公元前16世纪以后，它传播至爱琴海、伊朗高原等地，开始被广泛使用。玻璃是以二氧化硅为主要原料加上助熔剂、稳定剂等辅助材料烧制而成的，其烧制过程堪称砂与火的魔术。在公元前3千纪至公元前9世纪，早期玻璃工艺涌现了卷芯成型法、缠绕法、马赛克技术、模具铸造法等丰富多样的烧制技术，但是，此时的玻璃器仍因制造难度大、产量低而身价不菲，成为仅供贵胄拥有的奢侈品。早期工艺限制使得玻璃器小巧而珍贵，主要为一些仿宝石的饰品和仿陶、石器的小型器物。早期玻璃器作为珍贵的奢侈品，频繁地在泛地中海和西亚区域进行贸易往来与文化交流。

第二单元"发展与传播"，时间跨度为公元前9世纪 — 公元前5世纪。这一时期是玻璃发展与传播的重要时期，随着新亚述等强大帝国不断崛起，两河流域地区的玻璃制造业再度复兴。地中海地区亦建立了强盛的国家政权，玻璃制造业和技术开始不断发展并广泛传播。西方玻璃制品沿着商路传播到我国长江、黄河流域，在西方玻璃制造技术的启发下，战国时期的工匠采用本土材料和工艺进行仿制和创新，独立发展出中国古代玻璃制造技术。本单元分为"新亚述与阿契美尼德王朝的玻璃""腓尼基玻璃""春秋战国时期的玻璃"三组，集中展示新亚述与阿契美尼德王朝时期、腓尼基玻璃制品和春秋战国时期中国的玻璃制品。每组以玻璃发展的时间、空间为脉络，将公元前9世纪至公元前5世纪时期的玻璃制品根据不同的文化进行展示，以期呈现这一时期受不同文化影响的玻璃制品的发展特征，并通过东西方商贸之路展示这一时期玻璃贸易的交流与传播。这一时期玻璃制作技术向前发展，卷芯成型工艺复兴并走向成熟，以玻璃印章为代表的宝石切割加工工艺趋于完善，蜻蜓眼复眼技术也跟随商贸之路传入黄河、长江流域。

第三单元"繁荣与绽放"，时间跨度为公元前4世纪 — 公元5世纪。希腊化（前334—前30年）至罗马帝国时期，是玻璃制造业繁荣发展的重要时期，地中海东岸地区成为希腊化世界的玻璃生产中心。拉制法、分段法、自由吹制法、悬垂压花法等新式玻璃制造工艺层出不穷、巧思连连，特别是吹制玻璃技术的产生，使玻璃制品得以进入寻常百姓家。稳定的政治环境和繁荣的海陆商贸为玻璃制品的发展与传播提

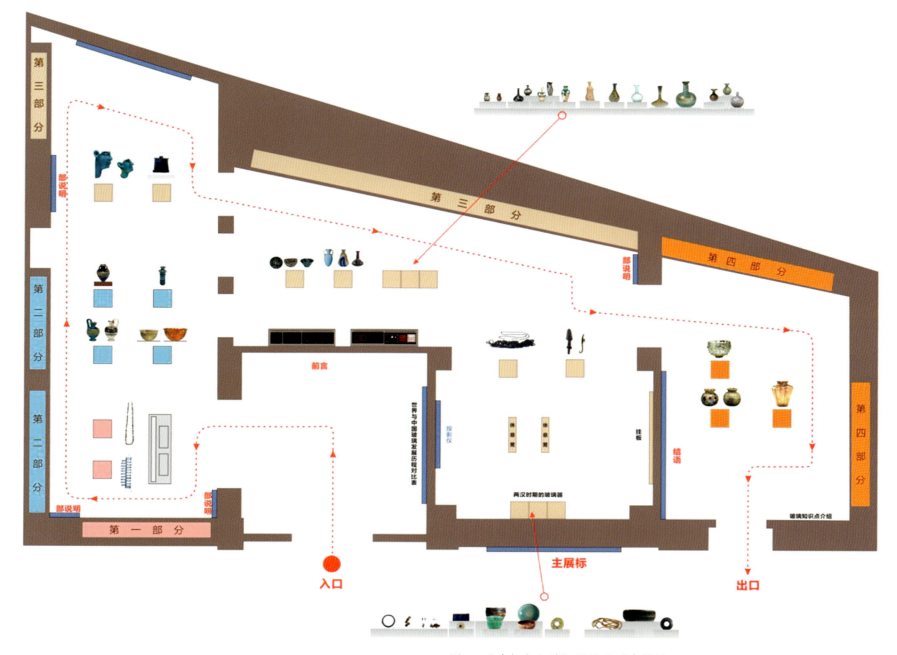

图一 "砂与火之歌"展厅平面布局图

供了良好的土壤，推动了玻璃制造业的世界影响。伴随海上、陆上丝绸之路的开辟，东西方商贸交流日益繁盛，形状各异、纹饰多样的玻璃制品往来其间，成为文化交流的使者。

基于此背景，本单元分为"希腊化至罗马帝国时期的玻璃制造技术""希腊化至罗马帝国早期的玻璃""罗马帝国玻璃""两汉时期的玻璃"四组。以玻璃制造技术单独为一组，制作技术主要有拉制法、分段法、贴花工艺、自由吹制法、有模吹制法、悬垂压花法、夹金工艺、千花玻璃工艺等，可以让观众清晰地知悉玻璃的制作过程，明晰每种技艺的工艺流程，一目了然。另外三组则是以时间、空间为主线，将玻璃发展的时间脉络与东西方文化商贸交流的空间脉络相结合，一西一东，呈现出玻璃繁荣绽放时期的发展特征，展现多元多彩、交流传播的玻璃发展新纪元。希腊化至罗马帝国时期有各式玻璃制品，包括装饰品、实用器和陈设器等。而同时期汉王朝的玻璃制品，有的为本地生产，具有鲜明的东方文化元素；有的则通过海陆商业贸易而来，成为东西方文化商贸交流活动的见证者。

第四单元"融合与影响"，时间跨度为公元6世纪—14世纪，分为"萨珊玻璃""拜占庭玻璃""伊斯兰玻璃""隋至明中国自制玻璃"四组。每组以时间、空间为主线，将玻璃从西至东的传承、创新、融合与影响呈现出来。内容主要包括在融合与影响时期，萨珊玻璃注重切面和磨花技术的提高；拜占庭玻璃发扬了马赛克玻璃和夹金箔玻璃传统；崛起于7世纪的伊斯兰玻璃，成了玻璃制造和装饰技艺集大成者，不断创新，大规模生产，开展对外贸易，推动各地玻璃技艺相互融合与影响。萨珊玻璃和伊斯兰玻璃沿丝路东传，推动中国玻璃制造业的发展，中国玻璃经历了从六朝贵族的斗富奢侈品到唐宋的供佛珍品、逐步世俗化的发展过程。

三、亮点与特色

本次展览是日本平山郁夫丝绸之路美术馆收藏的古代玻璃器特展在中国巡展的第四站，也是长沙博物馆与日本平山郁夫丝绸之路美术馆第二次合作举办"丝路"主题的特展，部分精美玻璃器在第一次合作办展时已有展出。故而，策展组在之前巡展的基础上，大胆创新，力求有所突破，形成了长沙站别开生面的展览。

（一）内容框架结构紧凑，逻辑条理清晰，内容丰富

首先，注重各单元之间的衔接，以时间为脉络，以玻璃工艺发展为线索，以丝绸之路上玻璃由西向东传播为内容，结构紧凑，逻辑清晰，一目了然。每一单元按照时间线索，剖析玻璃制品和玻璃工艺的发展历程，以重点展品点缀其间，达到了很好的以物话史的效果，历史背景和文化普及解读到位。整个展览虽然以西方玻璃的发展为主要线索，但是中国本土玻璃的历史轨迹也穿插其中，每一单元都加入中国本土玻璃进行对比展示，阐释文化交流。

（二）内容构思重视吸收新的学术成果，注重文物的组合、解读，强调从知识性、科学性、艺术性去解读展品

（1）器物按类型分组，本展览各单元玻璃器按装饰器和日用器分类进行组合，使观众更清晰地知道每类器物的用途，有的甚至以小标题的方式阐明器物的价值和特点，如"仿宝石饰品——两河流域的玻璃项链""拥有灵力的护身符——人头形玻璃挂坠""固定衣服的装饰物——玻璃珠饰青铜别针扣""装眼影的容器——玻璃科尔管""抵御邪恶的力量——蜻蜓眼玻璃珠"等。

（2）本展览加入了展品之外的标本，如加入玻璃制作原料实物石英岩、石英砂、泡碱、重晶石、草木灰、石灰石、铅锌矿等（图二），便于观众理解玻璃是用何种原料制作而成的；又如加入了玻璃的仿制对象——透明水晶、紫水晶、玛瑙、海蓝宝石、绿松石、青金石等宝石实物，阐述初期玻璃器模仿的对象。

（3）以实物和生动的图文版面相结合的方法阐述玻璃的制作工艺，本展览介绍了16种玻璃制造工艺，使观众对古代世界的玻璃制造有了直观的认识。

（4）用区域地图强化观众对玻璃制造地、影响地的空间概念，用小贴士来补充说明展品涉及的、部分观众不知晓的一些地理区域，帝国、王朝或某一文明的背景等知识点。如为了使观众对玻璃产地地理位置有更准确的了解，我们截取了古代世界地图中的相关位置图作为辅助展板，使观众非常容易地知道玻璃产地的位置（图三）。

（5）用辅助图片展示器物的用途、器物之间的对比与联系。如为了展示公元前4—前1世纪（托勒密王朝）的马赛克

图二 玻璃制作原料实物展示柜

图三 展厅区域地图使用方式

人面玻璃镶嵌片的使用方式，我们用法国卢浮宫博物馆所藏的镶嵌有马赛克玻璃人面的半身人像来表明这些玻璃镶嵌片的使用方式。

（6）用图表、知识拓展等方式加深观众对玻璃知识的了解。为了让观众更多地了解玻璃制作工艺，我们利用图文版面的方式，制作了"国外与中国玻璃工艺发展历程对比表""中国古代玻璃主要制造工艺表"。为了让观众了解中国古代对"玻璃"一词的不同称呼，我们对"玻璃""琉璃""料器与料珠""药玉"用知识拓展的方式进行了阐述。

（三）提炼学术价值，突显各区域文明互动交流

学术价值的提炼是每个展览的根本，也是每个展览的灵魂所在，是贯穿于展览始终的一条暗线。我们在策展的过程中，把握住了以下几点：

（1）世界玻璃工艺的发展经历了4000年，是以两河流域的美索不达米亚、埃及为中心，向东传播到东亚，向西传播到地中海沿岸地区各国家。

（2）在陆上和海上丝绸之路的商贸活动中，玻璃是东西方文明交流传播的重要媒介之一。

（3）在古代玻璃是非常珍贵的奢侈品。早期玻璃饰品仿珍贵的宝石，玻璃器皿盛装香水、香油、香膏等贵重的物品。

（4）中国玻璃的发展走出了一条独具特色的道路。中国玻璃是在西方玻璃技术的启发和刺激下，用本土材料进行了模仿和创新。如春秋战国时期的玻璃器大部分为本土自制，包括铅钡蜻蜓眼玻璃珠和一系列的仿玉玻璃器，彰显了春秋战国之际我国玻璃发展的概况，具有浓厚的东方特色。

（5）玻璃在传播的过程中，既受到输入地地方文化的影响，也对输入地其他材质器皿造成了影响，如中国瓷器模仿伊斯兰玻璃器的器形。

（四）艺术设计别出心裁，独具匠心

本展览的艺术设计突出了玻璃的五彩缤纷，突出了文物的特性：

（1）展线安排流畅，展厅简练明快，无占空间的场景复原。

（2）一切以文物为主，突出文物特色，重点文物置于显著位置或中心展柜给予重点展示。

（3）版面设计进行了多层级的区分，使展示内容一清二楚。版面设计分为四大块：一是文物说明牌，对文物的性质、功能和文化内涵进行了简要概述；二是同柜内的背板或是平柜上的展板，通过图（画、照）、表、小贴士等对文物做深层次的解读，使观众对文物有关的产地、制作工艺、使用方式、同类文物等有更深的了解。如展柜外面的顶部我们用帝国、王朝或某一文明玻璃制造地、影响地的区域空间图装

饰，使观众清楚地知道展柜内的文物出自哪里。

（4）展厅色彩、氛围的设计庄重典雅。展厅第一、二单元的背景版用黑色（图四），黑色是一种庄重且高雅、严肃且崇高、刚健且包容、神秘又炫酷的颜色，突出玻璃从埃及、两河流域初兴后逐渐向东、向西艰难、缓慢发展的历程；第三单元的背景版采用大海的深蓝色（图五），这是一种神秘、纯净、深邃且治愈的颜色，有着深远、永恒、沉静、睿智的寓意，正好反映了与海洋文化密切相关的希腊化至罗马帝国时期玻璃制造的繁荣与兴盛；第四单元的背景版用驼色（图六），这是来自沙漠的颜色，给人一种恰到好处的祥和、踏实可靠的淡定、酽而不躁的宁静，高贵且典雅，正契合第四单元萨珊玻璃、拜占庭玻璃和伊斯兰玻璃沿丝路东传的历史特点。

图四　第二单元展厅黑色背景版面

图五　第三单元展厅深蓝色背景版面

图六　第四单元展厅驼色背景版面

图七 第一单元入口门洞

图八 第三单元入口门洞

图九 第四单元入口门洞

（5）空间创意与主题氛围相协调。在空间设计上，依据主题、叙事内容的不同表现出各个单元的特色。如第一单元有来自埃及地区的古代玻璃器，选取了有埃及元素风格的大门进行装饰（图七）；第三单元主要是反映希腊化至罗马帝国时期的玻璃器，因此使用罗马建筑风格的大门作为此单元的入口（图八）；第四单元主要反映中亚一带具有伊斯兰风格的玻璃器，因此选取伊斯兰风格的大门作为进入此单元的入口（图九）。这样的设计，使观众很容易进入设计者想要表达的情境中，充分理解文物背后的意境。

（6）富有感染力的灯光设计，凸显玻璃的材质美、色彩美、造型美、纹饰美。玻璃多彩的颜色和透明度使其对灯光的要求非常高，为了使玻璃的材质、色彩、造型、纹饰达到完美和谐的统一，设计师和馆方特别重视光线与文物相结合的灯光效果，尽量还原文物固有的颜色和质感，同时保证文物得到足够的光线，使色光与文物形象色彩一致，达到光线与文物相辅相成的灯光效果，从而使整个展览的灯光设计美轮美奂（图十）。

（五）教育宣传活动，力促展览让更多观众知晓

展览的教育活动丰富多彩。在3个月的时间里，通过导赏、沙龙、讲座、儿童工作坊、重阳随心飞、图书流浪等16场活动，引导观众探索古代玻璃世界的奥秘，向观众分享人类与玻璃交织千年的故事。两场讲座及一场沙龙的线上视频在红网时刻平台共收获879.76万次浏览量。此外，还通过"线上征集作品"的方式，引发观众对于"玻璃"的思考与联想，激发创作热情；收集到包含湖南师范大学附属中学、长沙市长郡中学等在内的学校、机构及个人的一批玻璃主题创作，并进行了作品展示。展览宣传方面成果颇丰，引导了更多观众认识、了解玻璃文化。在微博开通

图十 展厅文物灯光效果

了展览话题"砂与火之歌——丝路玻璃文化展",阅读量达2348.6万人次,讨论达5907次,大V"动脉影"等发布的微博成为热门内容;在微信平台长沙博物馆官方号发布展览相关推文19条,收获阅读量49693人次,转发量达2488次,点赞数达453次,取得了良好的宣传与科普效果;于长沙博物馆官方抖音号发布视频10条,斩获阅读量904324人次,点赞数达6741次,将传统的博物馆展览与流行的短视频相结合,吸引更多观众走进博物馆、了解玻璃展。

总之,本展览无论从内容策划、艺术设计还是教育宣传活动上,都突出了长沙站别具一格的特色,为观众带来了一场妙不可言的心灵和视觉的双重体验。

玻璃,曾价比金银,又做百姓家常用具,它们在丝绸之路上颠簸漂流,带来异域文化的片羽鳞爪,抒写一部从地中海到中国数千年文化传播历程的恢宏史诗。今天,这些精美的玻璃器再次促成了国内外文博单位的交流合作,凸显以文博事业助力国际文化交流的积极意义,谱写了21世纪丝绸之路文化传播与互动的全新协奏曲。

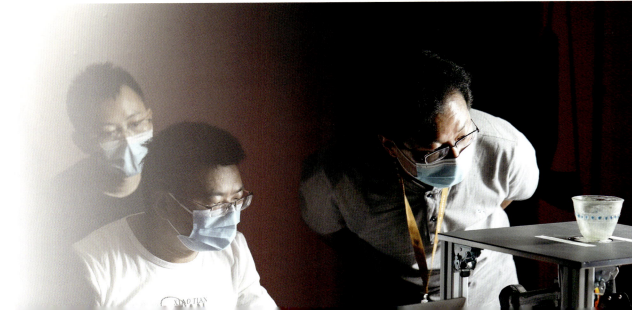

平山郁夫丝绸之路美术馆馆藏人头形玻璃珠饰的考证

张斌[1] 董远成[2] 何凭柈[2] 陈锐[1] 李明洁[1] 王卉[1] 胡敏怡[3]

1. 湖南博物院，科技考古与文物保护湖南省重点实验室
2. 长沙博物馆
3. 湖南省文物考古研究院

1

2

图一　模具铸造人头形坠饰

1.蓝色玻璃质胡姆巴巴护身符挂坠，日本平山郁夫丝绸之路美术馆藏；2.胡姆巴巴护身符挂坠，美国纽约康宁玻璃博物馆藏

一、模具铸造人头形坠饰

本展展品人头形玻璃挂坠（本书第020页；图一，1），高2厘米，宽1.7厘米。浅蓝色半透明质玻璃，背面平整，边缘似有范线残留，应是使用模具铸造法制作。正面为一正相人面浮雕，上部约1/3部分为呈连续排列的筒棱状发饰，两侧可见微微凸出的耳朵，鼻梁高耸，怒目圆睁，嘴似微张但不清晰。有垂直悬孔从头顶至颈部上下贯穿，下颌部稍微缺损。

美国纽约康宁玻璃博物馆收藏有一件相似的珠饰（图一，2），编号66.1.249，高2.8厘米，直径2.4厘米。有垂直于珠体上下贯穿的孔道，表面严重风化变白并遮盖了本来的颜色，原本很可能是深蓝色玻璃质，应是使用模具铸造法制作。该坠饰被认为是公元前1400—前

1350年美索不达米亚地区制作的胡姆巴巴护身符挂坠。

胡姆巴巴（Humbaba）又称胡瓦瓦（Huwawa），在美索不达米亚的史诗和神话中常被描写为"恐怖的胡姆巴巴"，传说他是远古时代太阳神乌图养育的巨型树怪，也是恶魔帕祖祖（Pazuzu）和恩基的兄弟。在《吉尔伽美什史诗》中他被吉尔伽美什和他的伙伴恩奇度杀死，吉尔伽美什还把其头颅装在皮袋中带给恩利勒神。吉尔伽美什和恩奇度杀死胡姆巴巴的传说，也时常作为神话主题被镌刻在阿卡德帝国的滚筒印章上，早在巴比伦第一王朝就已经出现把胡姆巴巴眼睛圆瞪、胡须和头发凌乱的头颅形象当作具有辟邪和抵挡邪恶作用的护身符的习俗，该习俗延续到新亚述帝国并出现在其多种艺术形式中，最后于阿契美尼德王朝统治时期式微。

黑石制的胡姆巴巴护身符挂坠曾出土于伊拉克南部Diqdiqah（图二，1）；大英博物馆还收藏有一件青金石质的类似挂坠（图二，2）；法国卢浮宫藏有一件陶制胡姆巴巴头像（图二，3），可能曾是建筑上的构件，以起到辟邪的作用。胡姆巴巴的头像还被画在公元前6世纪希腊彩陶碗的底部。佩特拉纳巴泰人墓楣上发现了胡姆巴巴的头颅像[1]。

胡姆巴巴的神话故事对希腊古典神话产生了深刻的影响，如珀尔修斯斩杀美杜莎，或珀尔修斯联合雅典娜（或赫耳墨斯）一同斩杀美杜莎的典故很可能流源于此，而美杜莎的头颅也经常被作为辟邪装饰出现在很多器物或场合上。

二、卷芯成型人头形坠饰

玻璃质的人头形挂坠和珠饰被认为是腓尼基或迦太基文化中重要的手工制品，也是环地中海至黑海北岸地区被广泛贸易的一类器物，主要使用卷芯成型法和热塑形法制作。这类挂坠和珠饰广泛出土于黎凡特（今地中海东部地区）、地中海西部，希腊本土和岛屿地区、塞浦路斯、埃及、俄罗斯南部、巴尔干半岛、瑞士和法国等地也有零星出土。但目前所见的大部分人头形珠并非系统考古发掘的出土品[2]。Seefried综合分析、比较了地中海至黑海北岸出土或相关机构收藏的此类珠饰并做了器物类型学分类，其成果至今仍是相关领域的权威[3]。

Stern对腓尼基文化中的面具——头形雕像装饰（Protomai）和头形吊坠对比研究后，认为人头形挂坠可以分为两类，即人头像挂坠和怪

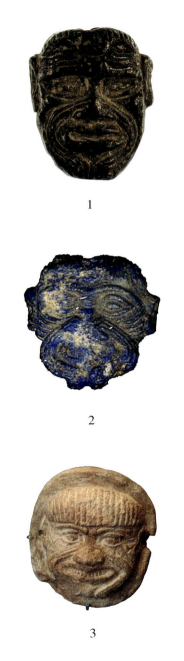

图二　人头形坠饰

1. 黑石质胡姆巴巴护身符挂坠，大英博物馆藏，116788，发掘于伊拉克南部Diqdiqah；2. 青金石质胡姆巴巴护身符挂坠，大英博物馆藏，128821，1936年购自Ernst Herzfeld教授；3. 陶制胡姆巴巴头像，法国卢浮宫藏

物头像挂坠，其中具髯的男性头像多于女性（不具髯）头像。人头形挂坠多出土于墓葬、圣殿和居住遗址，如叙利亚北部的Deve Huyuk，以色列北部沿岸的Umm el-Amed 和Makmish等地墓葬；Beersheba和Tell es-Safi等地的圣殿遗址中多与头形雕像装饰（Protomai）共同出土；Al Minah，Tell Jemmeh 和Tell Abu Hawam等地的居住遗址等。以色列Makmish的墓葬等遗址曾发现过保存完整的项链，通常项链中只有一个人头形挂坠作为主珠。

　　值得注意的是，地中海东部地区这类珠饰主要出土于定居点和圣殿遗址，很少出土于墓葬；而在地中海西侧地区则主要见于墓葬，且多出土于公元前6—前4世纪的遗存。Al Minah出土的人头形挂坠里有5件来自公元前6世纪的文化遗存，15件发现于公元前520—前430年的地层中，覆盖其上的地层年代介于公元前430—前375年，共有10件人头形挂坠出土，公元前375—前300年的遗存中没有此类挂坠发现，Woolley据此认为这类挂坠主要制作于公元前5世纪上半叶[4]。

　　（一）单人面立体人头形挂坠

　　本展展品人头形玻璃挂坠（本书第051页上图；图三，3、4）：残高3厘米，宽2厘米，厚2厘米。珠体基底为深蓝色玻璃质，下端应有缺失。整体为立体的人头形，前侧面部塑造精细。应是制作时趁玻璃半熔融状态塑出双耳、鼻尖等，前额有一蓝白相间玻璃条围成的绳状头箍，眉心有一白色点状装饰，嘴唇白色，双耳垂处亦有白色点状装饰，用镶嵌眼纹工艺制作白蓝套镶的眼，呈怒目圆睁状。

　　本展展品人头形玻璃挂坠（本书第051页下图；图三，1、2）：残高2.1厘米，宽1.8厘米，厚1.6厘米。用卷芯成型法制作，下端开口，上端封闭，顶端应有挂环，但已缺失。珠体基底由深蓝色玻璃制成，表面风化发白，前侧面部塑造出五官。面部以淡黄色玻璃制成，两侧以白色玻璃塑耳，使用镶嵌眼纹工艺制出蓝白套镶的眼，用略深黄色的玻璃捏塑出鼻。

　　本展展品人头形玻璃挂坠（本书第050页；图三，5、6）：残高2厘米，宽1.9厘米，厚1.6厘米，顶部有断茬，应为挂环断裂缺失所致。珠体基底为浅蓝色玻璃质，整体为立体的人头形，前侧塑造出面部，下端应具髯，但受损缺失。面部以浅黄色玻璃制成，并在玻璃半熔融状态时塑出双耳、鼻和嘴。前额用黑色玻璃卷出一排发髻，中部已受

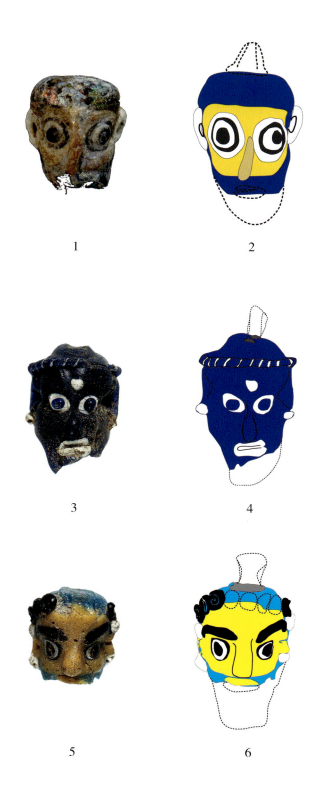

1　　　　2

3　　　　4

5　　　　6

图三　单人面立体人头形挂坠及素描图

损脱落，面部以黑色玻璃表现眉毛，并使用镶嵌眼纹工艺制成黑白套镶的眼。双耳上下部有额外添加的白色玻璃小团，似为耳部装饰。

本展展品人头形玻璃挂坠项链（本书第052页，图四）：该展品为一串现代重新串系的项链，缀有11个玻璃质立体的人头形挂坠，高度1.1—1.8厘米。面庞和发饰分别使用不同色玻璃制成，其中1个的面庞为半透明青黑色玻璃，2个为不透明褐红色，8个为不透明黄色，部分人脸上方有松石蓝、黄、白、深蓝色玻璃交替扭卷成绳状头箍。头发多以深蓝色或青黑色玻璃制成，从耳朵上方覆盖过头顶，最上方镶嵌突出的悬挂环。人物面庞立体饱满，无髯，鼻梁长直，鼻头圆润，嘴唇上下分开，下巴突出；眼睛以凹陷的蓝色玻璃小圈表示。大部分坠饰保存较好，少许表面遭风化形成白色不透明覆盖物或虹彩的壳。

根据Seefried提出的器物类型学分类，图三的1展品应属BII式（图五，1），制作和流行于公元前650—前400年，这类挂坠人面具髯，通常有条状玻璃表现的眉毛，或在眉心中有额外的点状装饰，但具绳状头箍的不多。此类人头形挂坠出土于克罗地亚纳丁的一处罗马时期墓葬（图五，2）[5]，以及保加利亚普罗夫迪夫的Mavrova Tumulus（图五，3）[6]，以色列En-Gedi等地。相似的挂坠也收藏于美国俄亥俄州托莱多艺术博物馆（图五，4），美国纽约大都会艺

图四　缀有玻璃质立体人头形挂坠项链

术博物馆（图五，5），马德里博物馆等处。图三的3展品应为BIb式（图六，1），制作和流行于公元前500—前400年，其人面一般无髯，且面色以深色玻璃表现，前额通常有绳状的头箍，相似的坠饰收藏于大英博物馆（图六，2）、托莱多艺术博物馆（图六，3）和罗德岛博物馆（图六，4）等地。

图三的5展品属于Seefried分类系统中的C式，其中CI式（图七，1）人面下髯部不具垂直的槽棱，CII式（图八，1）上半部与CI式相似，而下髯具向下的槽棱，该类型挂坠制作和使用于公元前450—前300年。但此件展品下半部缺失严重，故无法判别具体归属。此类珠饰多以深色玻璃作为发饰和面髯，浅色（白或黄）玻璃贴附塑造面部及鼻子、嘴唇等细节，耳郭和耳垂处通常有凸点状装饰，与B式挂坠不同的是，这类挂坠人面前额多有一排深色玻璃缠绕成小圈的发卷。位于Fontana Nuova的公元前4—前3世纪的墓葬遗址24号墓出土一串人头形玻璃挂坠和玻璃珠饰，其中有一枚典型的CI式人面坠饰（图七，2）[7]，黑海北岸（图七，3）、以色列Makmish（图七，4）[8]等地也多有出土。托莱多艺术博物馆（图七，5）、纽约大都会艺术博物馆（图八，2）、大英博物馆（图八，3）、纽约康宁玻璃博物馆（图八，4）、莱德国家博物馆（图八，5）、伦敦大学学院（图八，6）等机构均有收藏。

Čelhar认为这类人头形坠饰可作为吊坠和耳坠佩戴，具有装饰功能，怪物形的头像或许具有趋吉辟邪、抵御邪恶的作用，其中一些人面吊坠可能代表当地信仰的神祇的化身[9]。Seefried认为具长髯的男性头像可能是巴力哈蒙（Baal-Hammon）神，无髯的可能是女神塔尼特（Astarte-Tanit）。巴力哈蒙是迦太基神话中的主神，也是众神之王，他可以操控天气，负责植物的繁殖，塔尼特是他的女性伴侣神。也有学者认为短髯或无髯的头像是冥界神Melqart或治疗之神Eshmoun。

图四展品中的立体人头形挂坠属Seefried分类系统中的DIIC式（图九，1），制作和使用于公元前400年至公元元年左右。这类挂坠通常尺寸较小，制作简单，面部用热塑形技法（或一定程度上使用了模具铸造法），用黄、深蓝、褐红色玻璃捏塑出耳朵、鼻子、面颊和嘴巴等细节，不具髯，发饰从耳朵上覆盖至头顶，顶部的挂环高耸且向前突出，前额多有绳状玻璃细条围成的头箍，眼睛以简单的深色玻璃小圈制作。此类挂坠存世量大，塞浦路斯博物馆（图九，2）、莱德国家博物馆（图九，3）、伦敦苏富比（图九，4）、纽约大都会艺术博物馆（图九，5）等均有收藏或收录。值得注意的是，通常认为这类挂坠可作为项链缀饰或配合金环做耳坠单独佩戴，如图四展品这样一条项链上穿缀若干立体人头

图五 单人面立体人头形挂坠BII式模式图及挂坠
1. 模式图；2. 克罗地亚纳丁出土；3. 保加利亚普罗夫迪夫的Mavrova Tumulus出土；4. 托莱多艺术博物馆藏，1976.57；5. 纽约大都会艺术博物馆藏，17.194.721

1　　2　　3　　4　　5

图六 单人面立体人头形挂坠BIb式模式图及挂坠
1. 模式图；2. 大英博物馆藏，EA16531；3. 托莱多艺术博物馆藏，1923.354C；4. 罗德岛博物馆（Musée de Rhodes）藏

1　　　2　　　3　　　4

图七 单人面立体人头形挂坠CI式模式图及挂坠
1. 模式图；2. Fontana Nuova墓群24号墓出土，现藏于卡利亚里国家考古博物馆（Cagliari Museo Archeologico Nazionale）；3. 黑海北岸出土；4. 以色列Makmish出土；5. 托莱多艺术博物馆藏，1976.56

1　　2　　3　　4　　5

图八 单人面立体人头形挂坠CII式模式图及挂坠
1. 模式图；2. 纽约大都会艺术博物馆藏，81.10.151；3. 大英博物馆藏，EA16531；4. 纽约康宁玻璃博物馆藏，68.1.15；5. 莱德国家博物馆（Rijksmuseum, Leyde）藏；6. 伦敦大学学院藏

1　　2　　3　　4　　5　　6

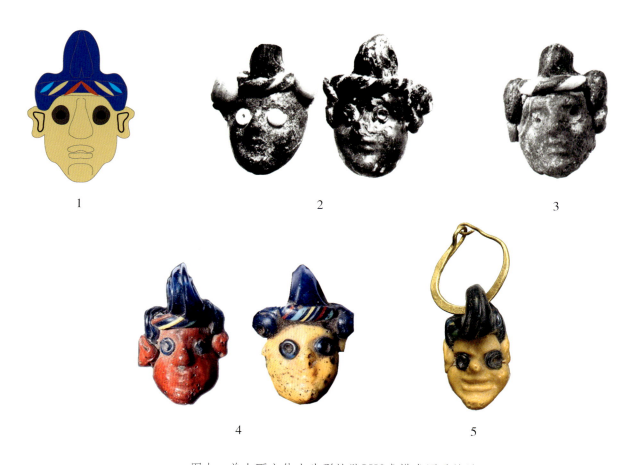

图九　单人面立体人头形挂坠DIIC式模式图及挂坠

1. 模式图；2. 塞浦路斯博物馆（Musée de Chypre）藏；3. 莱德国家博物馆（Rijksmuseum, Leyde）藏；4. 伦敦苏富比，7758，Lot55；5. 纽约大都会艺术博物馆藏，74.51.4029

形挂坠者，在考古发掘中并未有相应证据。有研究认为这类人头形挂坠是具有辟邪能力的护身符（Amulet）[10]。

（二）多面人脸珠

本展展品人头形玻璃串珠（本书第054页左图，图十）：珠体呈圆柱体，以深蓝色半透明玻璃制成，中有沿纵向贯穿的大孔。珠壁外侧饰有三面人脸，面部由白色玻璃贴附而成，并用白色玻璃细条塑出鼻子和耳朵，但大多损坏甚至脱落，表情夸张，用蓝白色玻璃以眼纹工艺三层套镶制成圆睁的眼睛，未特别表现对眉毛的刻画，以黄色玻璃制成圆小的嘴唇。珠体上下两侧分别用黄、白色玻璃制出两排圆形凸起的连珠状装饰。

本展展品人头形玻璃串珠（本书第054页右中图，图十一）：珠体呈较细圆柱体，用深蓝色半透明玻璃制成，孔道粗大。珠壁外侧饰有两面人脸，面部由黄色玻璃贴附而成，以黄色玻璃捏塑出耳朵和鼻子，大多残损，保存的一人面鼻翼短窄，鼻头膨大，未见明显的嘴唇，可能已残损；用蓝白色玻璃以眼纹工艺两层套镶制成眼睛，未特别描绘眉毛。珠体上下边缘以黄色玻璃制成单排凸起的连珠状饰。

本展展品人头形玻璃串珠（本书第054页右下图，图十二）：珠体呈短粗的圆柱体，以深蓝色半透明玻璃制成，表面劣化后为灰白色的风化层，呈现不透明的陶土质感。珠壁外侧饰有三面人脸，一黄、一白，一以珠体本色作为人面底色，分别以各色玻璃捏塑出鼻部和嘴唇，用蓝白色玻璃以眼纹工艺两层套镶制成眼睛。人面颊部、耳部镶嵌以黄、白色玻璃制成的圆形凸起装饰。珠体上下边最外缘有黄色玻璃制成的连珠状装饰，内圈以白色玻璃间隔嵌出圆形凸点。

此类珠饰外形为桶状，中心有上下贯穿的穿孔，孔径粗大。珠体外侧贴塑有1至4个独立的人面，面部细节用热塑形技法捏塑而成，眼纹以深色和白色玻璃套镶而成，珠体上下缘通常饰有圆形凸起的黄、白色玻璃点纹。此类珠饰在Seefried分类系统中属FI式（图十三，1—11），制作和流行于公元前500—前150年。通常认为这类珠饰主要制作于黑海北岸[11]，但新的考古发掘证据显示地中海东岸地区到黑海北岸一带很可能有多个玻璃制作中心[12]，且成品通过陆地和跨越亚得里亚海的海路贸易路线在这一区域内广泛贸易。也有研究指出，这种多面珠多出土于

图十　人头形玻璃串珠及其纹饰展开图

图十一　人头形玻璃串珠及其纹饰展开图

图十二　人头形玻璃串珠及其纹饰展开图

图十三　FI式多面人脸珠

1. 克罗地亚Kompolje第127号墓葬出土；2. 埃及尼罗河三角洲瑙克拉提斯出土，William Matthew Flinders爵士发掘，大英博物馆藏（86.216）；3. 俄罗斯库班Krymskaya Cossack村，斯基泰文化，公元前4世纪，Yevgeny Felitsyn发掘，俄罗斯冬宫博物馆藏；4. 黑海北岸出土；5. 大英博物馆藏，1906,0627.34；6. 托莱多艺术博物馆藏，1976.56；7. 美国纽约大都会艺术博物馆藏，17.194.727；8. 伦敦邦瀚斯，21926，Lot120；9. 匈牙利Mezönyarad出土，公元前3世纪；10. 捷克Moravia出土，公元前3世纪；11. 伦敦佳士得，8776，Lot2

1

2

3

图十四 人头形玻璃串珠

1、2. 人头形玻璃串珠及其纹饰展开图；3. 保罗·盖蒂博物馆藏，2004.10

凯尔特人的墓葬中（图十三，9、10）。欧洲地区的这种珠子多半发现于女性和婴儿的墓葬中，可能起到保护墓主、辟邪趋吉的作用[13]。

本展展品较为特殊的人头形玻璃串珠（本书第054页右上图，图十四，1、2），珠体相对其他多面珠来说显得更加圆润，缺少上下边缘的连珠状装饰，不应被归入Seefried分类系统的FI式下，美国保罗·盖蒂博物馆藏有一件被认为是腓尼基地区制作的相似珠饰（图十四，3）。

三、总结

图一的1展品模具铸造人头形坠饰应为玻璃质胡姆巴巴头像辟邪挂坠，制作地点应为美索不达米亚地区，相似的胡姆巴巴挂坠出土自伊拉克南部Diqdiqah，美国康宁玻璃博物馆等机构也收藏有类似器物。其他人头形玻璃挂坠和珠饰以卷芯成型法制成，以不同色彩的半透明玻璃制成珠体的基体，以及人面纹饰的面部和五官等。这类玻璃质人头形挂坠和珠饰是腓尼基或迦太基文化中重要且极具特色的手工制品，也是环地中海至黑海北岸地区被广泛贸易的一类器物，曾广泛出土于环地中海沿岸地区和黑海北岸地区，是地区之间贸易、文化交流的重要物证。

注释：

【1】J. S. McKenzie. 2001."Keys from Egypt and the East: Observations on Nabataean Culture in the Light of Recent Discoveries." Bulletin of the American Schools of Oriental Research, No. 324: 97–112. 特别参见该文的第107页，图f。

【2】E. Stern. 1976."Phoenician masks and pendants." Palestine Exploration Quarterly108,2：109–118.

【3】M. Seefried. 1976."Les pendentifs en verre du musée national du Bardo et du musée national de Carthage." Karthago, XVII：37–66.

【4】L. Woolley. 1938."The Excavations at Al Mina, Sueidia II." The Journal of Hellenic Studies 58, Part 2：157–159, 14.

【5】【9】M. Čelhar, S. Kukoč. 2014."Glass head pendant from Nadin. A contribution to the understanding of import in the Liburnian culture."Prilozi Instituta za arheologiju u Zagrebu 31：89–100, 12p.

【6】G.Kitov. 2003.Thracian Cult Center near Starosel, Second expanded andrevised edition[M]Varna: Slavena, 1-47.

【7】M. Alexandria. 2020. "Phoenician funerary masks and pendant/head beads: A feature analysis and catalogue." [D]. History and Philosophy.

【8】N. Avigad. 1961."Excavations at Makmish, 1960: Preliminary Report."Israel Exploration Journal, 11(3)：97–100.

【10】C.S. Lightfoot. 2018."The Cesnola Collection of Cypriot Art: Ancient Glass."Metropolitan Museum of Art; Illustrated edition. 参见该文献收录的藏品第475号，图312，并见该文献对其的描述。

【11】【13】D. Balen-Letunić (ed.). 2004. Ratnici na razmeđu istoka i zapada[M]. Zagreb: Arheološki muzej u Zagrebu, 211–257

【12】Gocha R. Tsetskhladze, Alexandru Avram and James Hargrave. 2021. The Greeks and Romans in the Black Sea and the Importance of the Pontic Region for the GraecoRoman World (7th century BC-5th century AD): 20 Years On (1997-2017)[M]. Summertown Pavilion, Middle Way, Summertown, Oxford OX2 7LG: Archaeopress Publishing Ltd, 235–244.

从沙僧打破玻璃盏说起

——浅谈汉代弦纹玻璃杯

申国辉[1]　任亭燕[1]　王帅[1]　马湘蕾[2]

1. 湖南博物院，科技考古与文物保护湖南省重点实验室
2. 长沙博物馆

《西游记》第8回和第22回中沙僧曾经对观音菩萨和猪八戒说起，因在蟠桃会上失手打碎了玻璃盏，自己一个堂堂的卷帘大将挨了八百板子，还被贬流沙河。儿时看到这，总为沙僧鸣不平。这玻璃盏到底是何宝物，惹得玉帝龙颜大怒，天神吓得魂飞魄散？《博雅》中"盏"的释义"杯也"。不过就是一个小小的玻璃杯，又为何如此珍贵？《西游记》写的是唐太宗时唐僧西天取经的故事，成书于明代。无论唐朝还是明代，玻璃不仅是佛教法器八宝之一，而且价格昂贵。此次长沙博物馆举办的"砂与火之歌 —— 丝路玻璃文化展"中展出的两件深蓝色半透明的汉代玻璃杯更显弥足珍贵。它们从何而来？又为何而造，共有几何？本文将整理浅析。

一、汉代玻璃杯

中国出土的汉代弦纹玻璃杯（亦称碗），目前出土发表约20件，其中以广西出土最为集中，广东、河南、湖南和江苏等地亦有发现，相对于同时期其他材质的器物来说，玻璃器本来就是稀罕之物，具有一定体量的玻璃杯（碗）更是其中珍宝，无不令人瞩目。这类玻璃器物高度为4—6厘米，口径为6—9厘米，大多以深浅不一的蓝、绿色玻璃制成[1]，如有一件出土于河南南阳陈棚村西汉墓的玻璃碗呈略带淡绿色透明状。这类玻璃杯的器身除有数条凸出或凹陷且相互平行的弦纹外，无其他纹饰，更无手柄等部件，整体造型简洁大方，配合玻璃透明或半透明的材质更显得剔透幽美，器身上几条简单的弦纹不仅起到装饰作用，还可以在使用时增强摩擦力，防止玻璃杯滑落摔碎，兼具美观和实用性，无不体现古代工匠的设计巧思和独具匠心。

（1）广西汉墓发掘多件玻璃杯[2]：1987年合浦县文昌塔M70西汉墓出土一件玻璃杯（图一，1），口径7.4厘米，腹径8.3厘米，高5.2厘米。呈淡蓝绿色，半透明，表面光滑。口部向内收，口沿微向外敞，腹上部较直，并向内斜。中部有折棱，并设三道凸出的弦纹，下腹圆弧内收，圆底，底的中部稍向内凹。黄泥岗M1出土一件湖蓝色半透明的玻璃杯（图一，2），口径9.2厘米，高5.8厘米。腹壁斜直，唇部圆直，口部微向外敞开，上腹边缘较直，下腹成弧收缩底部内凹。腹部中略靠上处饰三道凸弦纹。寮尾M14出土的一件深蓝色玻璃杯已残损（图一，3），复原后其口径6.3厘米，高3.8厘米。其形制上腹略收束，口略向外敞，唇部平直，腹部深弧向下内聚，平底内凹，腹部可见两道凸棱装饰。在本展览中展出的玻璃杯是1988年广西合浦县红岭头M11出土两件玻璃杯中的一件，其口径9.3厘米，腹径9.7厘米，高6.8厘米，玻璃杯整体呈深蓝色，器身较厚重，故显得略不透明。口部略向内收，口沿微向外敞，深腹，腹的上部较直，中部有折棱，下部略弧，圆底，底的中部稍向内凹。腹外壁有两道凸出的弦纹。

除合浦汉墓外，广西贵港（旧称贵县）汉墓亦出土多件弦纹玻璃杯。如1955年贵县汽车站5号东汉墓发掘出土一件玻璃杯（图二，1），整体呈半透明的蓝色，其口径7.7厘米，高3.8厘米，口部微向外敞，腹部以上壁较直挺，中部有一组凸弦纹使腹壁形成折棱，腹下部呈弧并

1

2

3

4

图一　广西合浦出土汉代玻璃杯

1. 合浦文昌塔M70出土；2. 合浦黄泥岗M1出土；
3. 合浦寮尾M14出土；4. 合浦红岭头M11出土

向下内收，圜底。深钉岭M12也出土一件蓝色玻璃杯（图二，2），其口径6.2厘米，高4.2厘米，上腹微束，器身较直，口敞开有向外撇的缘，腹部有四道凸弦纹，底部较平。

（2）湖南出土的汉代玻璃杯：汉代玻璃杯在湖南出土较少，常德市柳叶湖汽车站西侧长沙国郎中令廖福家族墓M24出土的一件玻璃杯（图三，1）[3]，形制与广西贵县汽车站M5出土的玻璃杯相似，其个体偏小，呈深蓝色半透明状，杯较浅，直缘，杯口有凸脊，出土于墓主人头部棺外，出土时已碎裂。根据同出器物判断该墓约为西汉中晚期至新莽时期。另外，美国人柯强曾于20世纪30年代于长沙北门外（现湘雅医院附近）的汉墓中盗掘得玻璃杯一件（图三，2），后于1991年捐赠美国华盛顿史密森学会，由于系盗掘所得，其信息和同出器物不详，这件玻璃杯不论是从造型还是色泽都非常接近合浦文昌塔M70出土的同类器物。

（3）河南南阳出土的汉代玻璃杯[4]：2000年南阳理工学院西汉墓出土一件玻璃杯（图四，1），该玻璃杯整体无色透明，质地较为透明，高7.5厘米，口径10.7厘米，器身较高，腹壁斜直不凸，下腹圆弧内收，平底微向内凹，口缘向外敞开，器身上无明显突起的脊状弦纹，但内外见加工留下的水平细纹，纹路密集，间隔小于1毫米，弦纹不连续并有间断。另外一件玻璃杯2002年出土

图二　广西贵港出土汉代玻璃杯

1. 贵县（现贵港）汽车站M5出土；2. 贵港深钉岭M12出土

图三　湖南出土汉代玻璃杯

1. 常德柳叶湖廖氏家族墓出土；2. 长沙北门外汉墓出土

图四　河南南阳出土汉代玻璃杯

1. 南阳理工学院西汉墓出土；2. 南阳陈棚村西汉墓出土

于河南南阳陈棚村一座西汉晚期竖穴土坑墓（M68）中（图四，2），该玻璃杯口径6.2厘米，底径3厘米，高3.4厘米，整体呈淡蓝色，直口圆唇，深弧腹，平底，唇外饰两周凹弦纹。根据墓葬同出器物，推测M68年代应为西汉晚期。南阳出土的两件玻璃杯经科学分析，都使用钾硅酸盐玻璃制造。

（4）广东出土的玻璃杯[5]：广东省广州市横枝岗西汉中期墓（M2061）出土3件玻璃杯（碗）（图五），3件器物大小形制略同，皆为深蓝紫色半透明状，半圆形杯体，广口，口缘唇下有凹形宽弦纹，腹部无凸出弦纹，下腹部渐缩呈弧，底平。内外壁皆经过打磨，但不光洁。

（5）境外出土和流散的汉代玻璃杯：此类弦纹玻璃杯在中国特别是岭南出土最为集中。英国考古学家惠勒（R. E. M. Wheeler）在印度南部的阿里卡梅度（Arikamedu）遗址北部公元前1世纪的文化遗存中发现一片玻璃杯残片（图六，1、2），呈蓝绿色，中部装饰有三条平行凸脊，表面布满平行条纹，内部充满大小不一的气泡。惠勒当时认为这是一件来自地中海地区的"罗马玻璃碗"残片[6]，但后来研究认为应与广西合浦所出器物类似。斯里兰卡Tissamaharama地区一处考古遗址也出土一件蓝色半透明的玻璃杯残片，该遗址年代介于公元前2世纪至公元2世纪，玻璃杯残片为靠近口缘的一部分，可推测其口向外微撇呈敞口状，口下有两条阴刻的凹槽弦纹，腹部形制不明[7]（图六，3、4）。

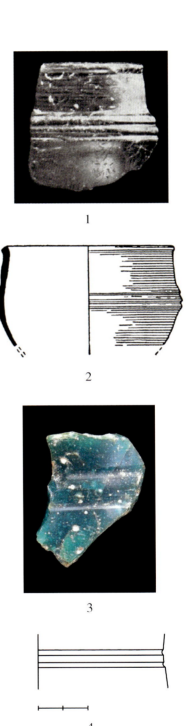

图五　广州横枝岗M2061出土汉代玻璃杯（碗）

图六　境外出土玻璃杯残片

1、2.印度南部阿里卡梅度遗址出土玻璃杯残片及线描复原图；3、4.斯里兰卡Tissamaharama考古遗址出土玻璃杯残片及线描图

1

2

3

图七　境外机构收藏的弦纹玻璃杯
1.美国旧金山私人收藏；2.美国丹佛私人收藏；3.法国吉美博物馆收藏

美国旧金山（图七，1）、丹佛（图七，2）分别见有两件淡蓝绿色弦纹玻璃杯，前者经美国康宁玻璃博物馆分析发现其氧化钾含量高达14.09%，氧化钠仅有0.68%，氧化钙为0.94%，三氧化二铝为3.41%，该器物应归属于低钙高铝的钾硅酸盐玻璃，无论是形制还是成分体系均与合浦汉墓出土器物类似。此外，有学者认为收藏于法国吉美博物馆的一只玻璃杯（图七，3）很可能也与岭南所出器物有密切关系[8]。

二、汉代玻璃杯材质与工艺特征

西汉后期至东汉，尽管西方已有玻璃吹制技术，我国的玻璃制造技术也有很大发展，但中国的玻璃生产采用了不同的技术路径。以广西出土为主的弦纹玻璃杯从半透明到不透明，厚度相对于同时期罗马吹制玻璃偏厚。两广地区的弦纹玻璃杯，无论是造型还是纹饰，在西汉的青铜器、陶器等器物中都可以找到与其相似的特点和风格，器物表面均有平行纬线条分布，这些玻璃器应是利用内外双层的陶范铸造而成，具体生产过程应如下：首先用陶土制成器物的内范，再用陶土按照模型制出外范，随后在外范的表面涂上脱模剂，将玻璃液注入外范，并在固化前压下内范；待冷却后把内、外范剥离，最后将得到的玻璃器粗坯进行琢磨、抛光等冷加工。因为在这一类玻璃器的内外壁都可见平行细密的磨痕，故推测玻璃器在铸造成型后还应经过冷加工，此工序中可能使用了转轮磨具和简单的车床等工具。

玻璃器的化学成分是产地和配方工艺的真实记录与反映，根据研究，岭南乃至华南地区的玻璃杯皆使用钾硅酸盐玻璃制成，钾玻璃广泛流行于我国华南、东南亚和南亚部分地区。虽然钾硅酸盐玻璃的起源尚未完全明确，且不同亚类的成分体系之间密切相关，技术和配方上也有交融，但通过精细的化学成分对比发现，岭南地区的钾玻璃器物独成一个亚类。葛洪《抱朴子·内篇·论仙》记载："外国人作水晶碗，实是合五种灰以作之，今交广多有得其法而铸作之者。"这条史料清楚地记载了战国"交广"人（今广西、广东和越南一带）已掌握玻璃的制造技术。从两广地区出土大量的汉代玻璃来看，学者黄启善认为"两广地区开始掌握制造玻璃技术的时间比晋代更早"。《南州异物志》记载："琉璃本是石，以自然灰治之。自然灰状如黄灰，生南海滨，亦可浣衣，用之须淋，但投之水中，滑如苔石，不得此灰，则不可释。"有学者认为"生南海滨"的自然灰有可能是一种自然纯碱或草木灰，是制造玻璃必需的一种助熔剂[9]。学者史美光指出："在中国出土的K$_2$O含量较高玻璃中，不论是K$_2$O-SiO$_2$玻璃或是K$_2$O-CaO-SiO$_2$系统玻璃，或是公元10世纪的K$_2$O-PbO-SiO$_2$玻璃，或是公元14世纪时的博山钾玻璃，都具有MgO含量低的特点。这可能意味着中国汉墓出土的钾玻璃系采用了与西方古玻璃不同的原料"。[10]

德国学者Borell认为这些玻璃器都是以钾盐作为助熔剂，以铜离子着色。因为玻璃中的锰含量较低，所以钾的来源可能是硝石。考古研究发现，这类低钙含铝的钾玻璃器物主要出现在越南北部和中国南部，所以这一个区域，也就是红河三角洲到珠江三角洲一带可能有这类玻璃的初级加工作坊。越南学者指出，由于玻璃加工作坊的面积和规模可能不大，所以很容易被破坏而难以发现考古发掘记录，故推测这类蓝色、蓝绿色的玻璃杯应该是现在中国南部、越南北部一带生产制作的[11]。从古埃及到罗马帝国到萨珊绵延几千年，围绕地中海和中东地区的一系列文明的确是生产了不计其数的玻璃器，虽然不能否定汉代弦纹玻璃杯的生产可能受到过外来玻璃器的启发和刺激，但是以铅钡玻璃、某些亚类钾玻璃进行生产制作应是我们的祖先在吸收外来技术基础上的创新。

三、汉代玻璃杯的器物类型学源流

总的来说，广西出土的汉代弦纹玻璃杯外观造型较为统一并自成一系（图八），这类玻璃杯的腹中部通常有一组平行的脊状突起弦纹，杯口大多外敞，圆唇，少数敛口；上腹微束或直挺，下腹通常呈弧形内收，腹部极少有折；底部形成平底或小平底，部分内凹。湖南出土的汉代玻璃杯应属"广西系"，但广州、南阳出土玻璃杯的造型却有区别，具体表现为腹部很少具突起的脊状弦纹，杯体呈半圆形或倒钟状，杯口下缘微内束，并可能具有阴刻的沟槽状弦纹，这些特征与"广西系"的玻璃杯有明显不同。

Borell认为，地中海地区同时期罕见杯身中部有三条平行突脊的玻璃碗或其他玻璃器，而合浦出土的这类玻璃杯很可能是中国古人依据相似器形的青铜器、原始瓷器的造型用玻璃仿制自创而成[12]。从出土证据来看，华南、岭南地区，特别是湖南沅水地区、两广和越南北部地区都出土过一种腰身上有弦纹的青铜弦纹碗（图九，1），越南出土的这种铜杯底部通常还有一个五铢钱的纹样，这是受汉文化影响的直接证据。此外出土于合浦汉墓的青铜杯则与玻璃杯的造型十分接近（图九，2），当然这也存在使用不同材质（如青铜、玻璃或陶）对相同器形器物进行制造且相互影响的可能性。

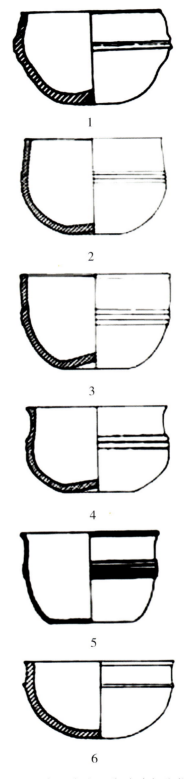

图八 广西出土汉代玻璃杯线描图

1. 广西合浦文昌塔M70；2. 广西合浦红岭头M34:1；3. 广西合浦红岭头M11；4. 广西合浦寮尾M14；5. 广西贵港深钉岭M12:34；6. 广西贵县汽车站M5

泰国拉廊La Un区的Suea洞穴出土过一件距今2000—2100年的弦纹陶杯，其上部杯体造型与岭南出土的玻璃杯非常接近，均在杯腹具有突起的几条脊状弦纹，且下唇部略内凹，口缘外敞（图九，3）。此外，美国洛杉矶保罗·盖蒂博物馆藏有一件被认为是埃及地区制造的公元前300—前100年的弦纹玛瑙碗（图九，4），其器形也与弦纹玻璃杯有相同之处，其中潜藏的关联不得不让人深思。

四、汉代玻璃杯的考古学意义

杯、碗这一类器皿形制较简单，同一时期，使用青铜、陶、玻璃乃至宝石等不同材质制作而成。弦纹在我国先秦时期的陶、铜器上随处可见，在两广的汉代陶、铜器中也是常见的一种花纹装饰，因此这种花纹运用到玻璃器上不足为奇。

1

2

3

4

图九　各种材质弦纹杯（碗）
1. 湖南沅水下游汉墓出土青铜弦纹碗；
2. 合浦汉墓出土青铜弦纹杯；3. 泰国拉廊La Un区Suea洞穴出土的陶弦纹杯，泰国春蓬国家博物馆（Chumphon National Museum）藏；4. 玛瑙质弦纹碗，美国洛杉矶保罗·盖蒂博物馆藏

　　玻璃质地的器物在汉代是极为稀罕之物，使用特殊的钾硅酸盐玻璃制作的玻璃杯，无论是使用的材质还是器形上都独具特色，特别是湖南发现的两件汉代玻璃杯，无论在造型上还是成分体系上都与广西汉墓出土的玻璃杯高度接近，这表明沅水、湘江流域和岭南地区在汉代交流密切。结合对青铜器、石制珠饰等其他器物的综合分析，可推断沅水、湘江流域应是汉代海上丝绸之路向内陆段延伸的重要通道。南阳地区出土的汉代玻璃杯，虽然在造型上与"广西系"的玻璃杯有区别，但玻璃成分体系说明它们应使用本土生产的钾硅酸盐玻璃制成，也充分反映了钾硅酸盐玻璃及其器物制品向内陆地区的传播和使用。

注释：

【1】【9】于福熹等：《中国古代玻璃技术发展史》，上海科学技术出版社，2016，第241–242页。

【2】熊昭明、李青会：《广西出土汉代玻璃器的考古学与科技研究》，文物出版社，2011，第67页。

【3】湖南省常德市文物局、常德博物馆、鼎城区文物局、桃源县文物局、汉寿县文物局：《沅水下游汉墓》，文物出版社，2016，第693页。

【4】河南省文物考古研究院、中国科学院上海光学精密机械研究所：《璠琳琅玕——河南古代玉器和玻璃器的科学研究》，大象出版社，2021，第620–628页。

【5】广州市文物管理委员会、广州博物馆：《广州汉墓》，文物出版社，1981，上册，第239页；下册，图版六七，图1。

【6】R. E. M. Wheeler, A. Gosh, Krishna Deva: Ari kamedu. 1946: An Indo-Roman Trading Station on the East Coast of India. Ancient India 2, 17–125.

【7】B. Borell, L. Dussubieux. 2022. "Exceptional Potash Glass Artefacts Excavated at Tissamaharama (Sri Lanka)." *Journal of Glass Studies*. 64: 33–57.

【8】【11】【12】B. Borell. 2013. "The glass vessels from Guangxi and the maritiome silk Road in the Han Period (206 BCE to 220 CE)." In *Unearthing Southeast Asia's Past. Selected Papers from the 12th International Conference of the European Association of Southeast Asian Archaeologists Vol. 1*, National University of Singapore: 141–154.

【10】史美光、何欧里、周福征：《一批中国汉墓出土钾玻璃的研究》，《硅酸盐学报》1986年第3期。

长沙博物馆馆藏古代玻璃器及科学分析

张兴伟[1] 刘松[2] 阳帆[1] 周珺[1] 董俊卿[2] 李青会[2]
1. 长沙博物馆
2. 中国科学院上海光学精密机械研究所科技考古中心

一、 玻璃器分类及介绍

长沙博物馆馆藏战国至两汉时期的玻璃器40余件（套），之前已有学者对该批玻璃器从器物类型学以及科技考古视野等角度分别予以阐述[1][2]。本次分析检测了这批玻璃器中的12件（套）。从器物类型学上来说，我们选取了具有湖南本地特色的玻璃璧、环，以及蜻蜓眼玻璃珠、单色玻璃珠和玻璃剑饰，其中一件横截面为六角形的玻璃大环器形较为特殊；从器物所属时代来说，这批器物制造于战国至汉代，该时期是中国古代玻璃制造业的重要阶段，具有较强代表性。

（一） 玻璃璧、环

玻璃璧多见于湖南地区楚墓，并集中出土于长沙、湘乡、益阳和资兴地区。根据傅举有等统计：湖南出土的玻璃璧占全国出土总数约80%，故推断湖南应为古代玻璃璧的主要产地[3]。本次检测的玻璃璧共5件（图一），两件呈深绿色（001250、001060），两件呈浅绿色（001227、003087），一件呈浅黄色（001088）。这些玻璃璧一面饰满谷纹，大多无郭，仅编号为001250的青绿色璧可见有内外圆郭，器物的纹饰面地子平整光亮，谷纹粒清晰突出，排列井然有序。器身另外一面则显得较为粗糙，部分器物可见以冷加工磋磨出的蒲纹。

出土于长沙咸嘉湖陡壁山西汉曹𡠥墓M1的蓝色玻璃环（图二，1、2）较为特别，出土时本断为六截，修复后直径约8.1厘米，环体素面无纹饰，顶底面窄且平，外侧有两斜面相互密合构成突出的侧脊，内壁中部亦具有微

图一　长沙博物馆藏古代玻璃璧

1、2.长沙市砚瓦池运输公司M8出土；3.长沙市袁家岭警察大队M7出土；4.长沙市窑岭曙光路M1出土；5.长沙市窑岭曙光路M1出土

图二　楚汉墓出土玻璃环、玛瑙环

1.蓝色玻璃环修复后；2.西汉蓝色玻璃环修复前；3.长沙子弹库地质学校楚墓出土玻璃环；4.长沙棺材塘楚墓出土玻璃环；5.邓州王营墓地出土战国玛瑙环

微突起的一圈脊，故环体剖面呈六边形。类似形制的玻璃环曾出土于长沙子弹库地质学校楚墓（图二，3）和长沙棺材塘楚墓（图二，4）[4]，前者深绿色，后者米黄色，两者的横截面皆呈扁平的八棱形，相较于长沙博物馆藏的这件玻璃环（图二，1、2）来说其尺寸显得小很多，这类小型玻璃环可能为山东、河南和山西等地东周时期的玛瑙环仿制品。但值得注意的是此类玛瑙环也有体量较大的个体，如2010年南阳邓州王营墓地出土的战国玛瑙环，外径达7.12厘米，内径4.96厘米（图二，5）[5]，长沙所出的汉代蓝色玻璃大环是否是对相似形制的战国玛瑙环的仿制值得讨论。

（二）玻璃剑饰

本次我们选取编号为001031的玻璃剑首（图三）作为被测物，该器物于1980年出土。整体色泽呈白中带些许绿色的半透明状，圆饼形，正面中心略向下凹，地子光洁，内圈弦纹中为以凸细线勾勒出的柿蒂纹，弦纹外饰有三圈突出的谷纹，排列整齐规矩；其背面有柱状物，应是与剑体相连之处。相似的玻璃剑首也出土于长沙市东塘M11战国墓、长沙市左家塘M7战国墓等。

图三　长沙市燕山街肉食水产公司M8战国墓出土玻璃剑首

| 1 | 2 | 3 | 4 | 5 |

图四 蜻蜓眼纹玻璃珠

1. 长沙出土几何纹蜻蜓眼珠；2. 几何纹蜻蜓眼珠（美国纳尔逊-阿特金斯艺术博物馆藏）；3. 几何纹蜻蜓眼珠（英国维多利亚与阿尔伯特博物馆藏）；
4、5. 长沙战国墓出土玻璃蜻蜓眼纹珠

（三）玻璃珠

　　编号为002967的几何纹蜻蜓眼玻璃珠（图四，1），1994年长沙复兴街商业网点M1战国墓出土，长沙市文物考古研究所藏。该珠直径2厘米，高约2厘米，整体呈椭球状，中有穿孔，孔径约9毫米。该珠纹饰复杂精美，令人惊叹。其以蓝色玻璃作为基体，从上端孔缘处至中部依次为：白色窄带圈内置间隔均等的蓝色点状装饰、土黄色圈、偏心蓝白色套镶蜻蜓眼纹、白色窄带圈内点缀均匀分布的蓝色点状纹、四方形黄色框体内镶"七星"蜻蜓眼珠纹和黄白色四分对顶角三角形内点缀蓝色点纹等纹饰。纹饰整体细致规整，呈现极强的对称性和秩序感，是中国本土制作的蜻蜓眼中的精品佳作。相似纹饰和色彩组合的蜻蜓眼珠饰曾出土于荆州楚墓、益阳宁家铺砖厂M8战国墓和湘乡牛形山M1战国墓。值得注意的是，美国纳尔逊-阿特金斯艺术博物馆（图四，2）和英国维多利亚与阿尔伯特博物馆（图四，3）分别藏有两枚与本品极其相似的蜻蜓眼珠饰，其中前者体量稍大，纹饰更加复杂，而后者与我们所测文物无论是外形、色泽还是艺术特征等方面均高度相似。

　　编号为001110和001111的两枚蜻蜓眼珠饰分别出土于长沙市解放路轻工业学校M1和长沙市麻园岭M1（图四，4、5）。珠体均呈扁球形，中有较大穿孔，珠体表面饰有多重蓝白色圆圈套叠的眼纹，其中前者的眼纹套叠层数多达6～7层。

　　编号为001257的珠饰于1990年出土自长沙市浏城桥M2战国墓（图五，1），高2厘米，直径1.2厘米，孔径0.7厘米。珠体底子为不透明的灰蓝色玻璃制成，光泽不佳，上下两口孔端较平，珠体表面共有30个高高突起的凸眼状纹饰，"眼仁"为半球形半透明蓝色玻璃制成，外侧环绕有白色圈纹。相似的珠饰也出土于湖南临澧九里M1战国墓。

　　编号为001264的玻璃串珠于1990年出土自长沙市浏城桥M2（图五，2），共计148粒，珠体呈大致均一的扁圆形，最大直径0.7厘米，高约0.3厘米。珠子中有粗孔供配系，部分珠体表面见白色的风化物。

图五 玻璃珠
1. 三十眼蜻蜓眼纹珠；2. 玻璃串珠

二、检测设备描述

本检测使用德国布鲁克集团Tracer 5g型手持式能量色散X射线荧光光谱仪进行，该设备可有效检测F、Na等轻元素，具有无损、快速、低检出限、高准确度等特点。设备采用1μm厚石墨烯材料作为X射线探测器窗口材料，配备有低真空泵，为轻元素准确定量分析提供保障。在保证分析结果准确度的前提下，不同材质类型样品检测时间可调整，单次检测时间可调范围通常为30 s—120 s。

实验中定量分析方法主要采用线性工作曲线法。应用适用于XRF分析的玻璃标准样品，其中22件玻璃标准样品来自德国Breitlander Eichproben und Labomaterial GmbH公司，30件玻璃标准样品由中国科学院上海光学精密机械研究所自主研制，针对铅/铅钡硅酸盐玻璃体系和钠钙/钾硅酸盐玻璃体系，分别建立兴趣组分的线性工作曲线。利用康宁玻璃标准样品B、C、D连续测试15次，对设备的精确度和准确度进行了评估，评估结果见表一。

表一：Tracer 5g型手持式XRF精确度和准确度评估

标样编号	参数 n=15	Na$_2$O	MgO	Al$_2$O$_3$	SiO$_2$	P$_2$O$_5$	K$_2$O	CaO	TiO$_2$	MnO	Fe$_2$O$_3$	CoO	CuO	PbO	SnO$_2$	Sb$_2$O$_5$
康宁玻璃标样B	平均值wt%	17.38	0.88	3.46	60.27	1.39	1.32	9.75	0.31	0.42	0.14	0.04	3.17	0.74	0.17	0.55
	标准偏差wt%	0.24	0.03	0.02	0.19	0.02	0.01	0.02	0.00	0.00	0.01	0.00	0.03	0.01	0.00	0.00
	相对标准偏差%	1.36	2.88	0.71	0.32	1.20	0.57	0.25	0.69	0.51	3.79	1.43	1.06	1.97	0.25	0.86
	参考值wt%	17.00	1.03	4.36	62.27	0.82	1.00	8.56	0.09	0.25	0.34	0.05	2.66	0.61	0.04	0.46
	相对误差%	2.26	−14.24	−20.73	−3.20	69.03	31.93	13.91		69.34	−59.26	−9.95	19.29	21.03		20.03
康宁玻璃标样D	平均值wt%	1.29	4.18	6.12	53.24	5.15	12.73	12.98	0.76	0.62	0.55	0.01	0.52	0.60	0.26	0.99
	标准偏差wt%	0.15	0.03	0.03	0.11	0.02	0.02	0.03	0.00	0.00	0.00	0.00	0.01	0.00	0.00	0.01
	相对标准偏差%	11.58	0.76	0.56	0.21	0.37	0.13	0.19	0.50	0.37	0.63	10.28	0.46	1.81	1.74	0.92
	参考值wt%	1.20	3.94	5.30	55.46	3.93	11.30	14.80	0.79	0.55	0.52	0.02	0.38	0.48	0.10	0.97
	相对误差%	7.21	6.19	15.44	−3.99	31.07	12.64	−12.29	−4.03	13.43	6.08		35.83	25.43		1.68
康宁玻璃标样C	平均值wt%	0.41	2.58	0.74	38.68	0.26	2.65	3.49	0.08	0.31	0.14	1.14	10.09	38.85	0.74	0.15
	标准偏差wt%	0.11	0.07	0.05	0.10	0.03	0.01	0.01	0.01	0.02	0.00	0.01	0.03	0.13	0.03	0.00
	相对标准偏差%	27.00	2.64	6.93	0.26	11.52	0.35	0.42	6.55	7.23	2.12	0.50	0.34	0.32	3.79	1.87
	参考值wt%	1.07	2.76	0.87	36.15	0.14	2.84	5.07	0.00	0.34	0.18	1.13	11.40	36.70	0.19	0.03
	相对误差%	−61.46	−6.36	−14.86	7.00		−6.55	−31.15		−9.95	−23.25	1.11	−11.50	5.87		

三、玻璃器的化学成分及所属玻璃体系

（一）铅钡硅酸盐玻璃制品（PbO–BaO–SiO$_2$）

根据检测结果可知（表二），这批玻璃璧（001250、001088、001060、001227、003087）、玻璃蜻蜓眼珠（002967、001110、001111）和玻璃剑首（001031）样品成分中的氧化铅（PbO）含量介于7.19%—42.38%，氧化钡（BaO）的含量为3.58%—12.73%，其他成分如Na$_2$O和K$_2$O等类型的助熔剂含量均较低，故可判断这批玻璃器均属于铅钡硅酸盐玻璃制品，蓝绿色玻璃以Cu离子呈色，BaO在玻璃中既做助熔剂，同时也是乳浊剂，呈现仿玉的半透明效果。总的来说，这批古代玻璃样品与战国时期湖南地区流行并广泛出土的玻璃器成分体系一致，但值得注意的是，两件制作和保存较为完美的蜻蜓眼玻璃珠中钠的化合物含量介于1.64%—4.49%，而其他玻璃璧中的氧化钠含量极低至无法检出，说明玻璃璧可能经受较强烈的风化作用。另外根据崔剑锋等[6]和赵志强[7]分别对湖南沅水流域和里耶麦茶战国墓出土玻璃制品的研究分析认为，玻璃璧中除个别样品PbO含量较低外（8%左右），其他多为40%左右；且认为玻璃璧的生产配方较为规范同一，而蜻蜓眼玻璃珠不同色泽部位中玻璃主成分含量差别较大，说明可能使用不同配方。本次检测中001250玻璃璧的PbO含量低于10%，该现象有待进一步探讨研究。

汉代蓝色玻璃环成分中的PbO为26.26%，BaO为12.21%，故同属铅钡硅酸盐玻璃制品，并以铜离子作为呈色剂。其主量化学成分组成与同时期其他墓葬所出蓝色玻璃耳珰较为接近[8]，并显示出与战国时期铅钡玻璃制品在配方上的区别。遭受较强风化作用的汉代铅钡玻璃制品中的BaO通常流失严重，如出土于西安的若干件蓝色铅钡玻璃耳珰的BaO含量均低于5%，故本件蓝色玻璃环的保存状况应较佳。

（二）钾钙硅酸盐玻璃制品（K$_2$O–CaO–SiO$_2$）

根据检测结果可知（表三），样品001264和001257的化学成分中SiO$_2$的含量介于62.54%—78.67%，K$_2$O含量为9.15%—13.91%，CaO含量为2.39%—6.54%，Al$_2$O$_3$含量均为4%以上，PbO未检出，故认为其成分较为统一，均为钾钙硅酸盐玻璃制品，且化学成分体系与已知的战国钾钙硅酸盐玻璃制品较为一致。样品中均检出2%左右的氧化铜，说明均以Cu离子作为呈色剂。

四、总结

手持X射线荧光光谱仪是一类高效、无损且便捷的检测设备，通过长期实践，该设备的检测方法对古代玻璃制品的研究、鉴别和分类有很强的实用性和科学性。通过对长沙博物馆藏的一系列古代玻璃器物的分析研究得知：战国时期的玻璃璧、玻璃剑饰和蜻蜓眼纹珠大多以铅钡硅酸盐玻璃制造，一件特殊的凸眼蜻蜓眼纹珠和淡蓝色玻璃串珠以钾钙硅酸盐玻璃制造，这些玻璃制品都是中国古代玻璃制造工艺的代表和典范。馆藏西汉蓝色玻璃大环亦使用铅钡硅酸盐玻璃制造，其主要化学成分组成与战国时期的同类玻璃有些微差别，形制较为罕见，推测应是战国玛瑙环的仿制品。

注释：

【1】张海军：《逃离美色 光凝秋水——长沙博物馆藏战国两汉琉璃器》，《收藏家》2015年第4期。

【2】周珺：《科技考古视野下长沙博物馆藏战国至汉代玻璃器》，《美成在久》2022年第4期。

【3】傅举有、徐克勤：《湖南出土的战国秦汉玻璃璧》，《上海文博论丛》2010年第2期。

【4】湖南省博物馆、湖南省文物考古研究所、长沙市博物馆、长沙市文物考古研究所：《长沙楚墓》，文物出版社，2000年第338页。

【5】乔保同：《南阳出土玛瑙环》，《文物天地》2019年第9期。

【6】崔剑锋、吴小红、谭远辉、王永彪：《湖南沅水流域战国时期楚墓出土古代玻璃器的成分分析》，《硅酸盐学报》2009年第37卷第11期。

【7】赵志强：《湖南里耶麦茶战国墓地出土玻璃制品的检测与分析》，载《湖南考古辑刊》第15集，科学出版社，2021，第288—301页。

【8】史美光、周福征：《青海大通县出土汉代玻璃的研究》，《文物保护与考古科学》1990年第2期。

【9】赵凤燕、陈斌、柴怡等：《西安出土若干玻璃器的pXRF分析及相关问题探讨》，《考古与文物》2015年第4期。

表二： 长沙博物馆馆藏铅钡玻璃文物化学成分分析结果（wt%）：Tracer 5g型HXRF

编号	名称	玻璃体系	测试区域	Na$_2$O	MgO	Al$_2$O$_3$	SiO$_2$	P$_2$O$_5$	K$_2$O	CaO	MnO	Fe$_2$O$_3$	CoO	CuO	BaO	PbO	SnO$_2$
	蓝色玻璃环	铅钡玻璃	环体	n.d.	0.66	1.73	55.32	0.90	0.26	1.89	n.d.	n.d.	0.03	0.18	12.21	26.26	0.56
001250	深绿色谷纹玻璃璧	铅钡玻璃	基体	n.d.	0.71	3.60	75.87	0.78	0.48	1.27	n.d.	n.d.	n.d.	0.28	7.28	8.89	0.83
001250	深绿色谷纹玻璃璧	铅钡玻璃	基体	n.d.	0.70	3.91	77.57	0.91	0.66	1.17	n.d.	n.d.	n.d.	0.25	6.69	7.19	0.95
001088	浅黄色谷纹玻璃璧	铅钡玻璃	基体	n.d.	0.60	3.16	48.45	0.27	0.32	1.90	n.d.	n.d.	n.d.	n.d.	6.98	37.45	0.86
001088	浅黄色谷纹玻璃璧	铅钡玻璃	基体	n.d.	0.53	3.89	49.75	0.64	0.41	1.72	n.d.	n.d.	n.d.	n.d.	6.43	35.65	0.98
001060	深绿色云纹玻璃璧	铅钡玻璃	基体	n.d.	0.55	2.86	51.96	0.85	0.62	2.22	n.d.	n.d.	n.d.	0.60	7.36	31.79	1.20
001060	深绿色云纹玻璃璧	铅钡玻璃	基体	n.d.	0.67	3.18	50.33	0.67	0.76	2.39	0.01	0.20	n.d.	0.59	7.68	32.46	1.06
001227	浅绿色谷纹玻璃环	铅钡玻璃	基体	n.d.	0.71	3.28	47.84	0.09	0.40	0.83	n.d.	n.d.	n.d.	n.d.	3.75	41.92	1.16
001227	浅绿色谷纹玻璃环	铅钡玻璃	基体	n.d.	0.94	2.31	47.02	0.55	0.46	1.05	n.d.	n.d.	n.d.	n.d.	4.26	42.36	1.03
003087	浅绿色谷纹玻璃璧	铅钡玻璃	基体	n.d.	0.60	1.99	47.16	0.59	0.21	0.96	n.d.	n.d.	n.d.	n.d.	7.16	40.39	0.92
001031	绿色谷纹玻璃剑首	铅钡玻璃	基体	n.d.	0.09	1.20	46.14	0.41	0.25	0.99	n.d.	n.d.	n.d.	0.03	7.42	42.38	1.10
002967	几何纹蜻蜓眼玻璃璧	铅钡玻璃	黄色	n.d.	0.60	8.71	54.04	1.03	0.97	1.78	n.d.	n.d.	0.05	0.01	10.63	21.80	0.38
002967	几何纹蜻蜓眼玻璃璧	铅钡玻璃	蓝色	n.d.	0.74	7.21	63.74	1.24	1.13	1.87	n.d.	n.d.	0.07	n.d.	12.73	10.97	0.31
001110	蜻蜓眼玻璃珠	铅钡玻璃	基体	1.76	0.72	8.70	61.08	1.00	1.76	0.95	n.d.	n.d.	n.d.	0.21	9.52	14.04	0.25
001110	蜻蜓眼玻璃珠	铅钡玻璃	基体	1.64	0.92	8.20	59.67	0.81	2.43	1.13	n.d.	n.d.	n.d.	0.22	10.05	14.69	0.25
001111	蜻蜓眼玻璃珠	铅钡玻璃	基体	4.49	0.82	11.79	44.79	0.26	1.66	1.24	0.03	1.93	n.d.	4.62	3.58	23.98	0.81
001111	蜻蜓眼玻璃珠	铅钡玻璃	眼部	3.18	0.64	11.63	53.34	0.72	1.84	1.20	n.d.	n.d.	n.d.	0.62	5.29	20.76	0.78

注： "n.d." 表示此种组分含量低于检出限而无法有效定量分析，下同。

表三： 长沙博物馆馆藏钾钙玻璃文物化学成分分析结果（wt%）：Tracer 5g型HXRF

编号	名称	玻璃体系	测试区域	Na$_2$O	MgO	Al$_2$O$_3$	SiO$_2$	P$_2$O$_5$	K$_2$O	CaO	MnO	Fe$_2$O$_3$	CoO	CuO	BaO	PbO	SnO$_2$
001264	蓝绿色玻璃珠	钾钙玻璃	A	n.d.	n.d.	4.58	78.67	1.21	9.15	2.39	0.28	0.17	1.14	n.d.	2.41	n.d.	n.d.
001264	蓝绿色玻璃珠	钾钙玻璃	B	n.d.	0.84	4.21	72.91	1.15	12.81	3.85	0.34	0.19	1.23	n.d.	2.29	n.d.	0.18
001257	三十眼蜻蜓眼玻璃珠	钾钙玻璃	眼珠	1.16	1.51	4.23	69.99	1.13	11.49	6.14	0.48	0.25	1.44	n.d.	2.18	n.d.	n.d.
001257	三十眼蜻蜓眼玻璃珠	钾钙玻璃	基体	1.44	1.55	6.97	62.54	1.27	13.91	6.54	0.60	0.27	2.24	n.d.	2.51	n.d.	0.16

附表一

平山郁夫丝绸之路美术馆藏部分玻璃器化学成分定量分析结果表（wt%）：Tracer 5g型HXRF

名称	测试区域	玻璃体系	Na$_2$O	MgO	Al$_2$O$_3$	SiO$_2$	P$_2$O$_5$	K$_2$O	CaO	TiO$_2$	MnO	Fe$_2$O$_3$	CoO	CuO	PbO	SnO$_2$	Sb$_2$O$_3$	页码
卷芯成型法制造的玻璃容器残片	黄蓝处	植物灰钠钙玻璃	2.11	4.56	3.64	72.36	0.90	2.66	9.73	0.34	0.45	1.13	0.10	0.19	1.24	n.d.	0.61	009右四
	黄蓝处	植物灰钠钙玻璃	2.41	4.48	3.62	71.40	0.89	2.58	9.46	0.35	0.38	1.08	0.09	0.24	2.56	n.d.	0.47	
圆筒玻璃印章	中间	植物灰钠钙玻璃	8.59	2.26	4.49	71.48	0.93	1.65	8.15	0.45	0.16	1.12	0.01	0.15	0.56	n.d.	n.d.	032
	中间	植物灰钠钙玻璃	6.42	1.67	5.83	75.62	1.19	1.60	5.70	0.46	0.15	1.00	n.d.	0.14	0.23	n.d.	n.d.	
双耳尖底玻璃瓶	腹部浅蓝色	泡碱型钠钙玻璃	12.08	0.53	3.11	67.51	0.76	1.14	8.84	0.28	0.13	0.64	0.02	2.71	0.23	0.19	1.83	033
	腹部黄色	泡碱型钠钙玻璃	12.41	0.53	2.91	64.94	0.80	1.11	8.63	0.33	0.14	1.01	0.05	1.44	4.34	0.17	1.20	
	颈部蓝色	泡碱型钠钙玻璃	13.51	0.45	2.35	70.32	0.56	1.06	9.27	0.24	0.13	1.33	0.14	0.25	0.11		0.25	
半球形玻璃杯	底部	植物灰钠钙玻璃	5.11	0.26	4.60	77.39	0.83	2.30	7.60	0.24	0.76	0.63	n.d.	0.09	0.18	n.d.	n.d.	041
蓝色透明玻璃印章	无纹饰面	泡碱型钠钙玻璃	1.97	0.99	3.63	81.83	0.82	1.02	6.30	0.30	0.13	2.42	0.04	0.45	0.08	n.d.	n.d.	044右
	纹饰面	泡碱型钠钙玻璃	n.d.	2.51	3.72	82.17	0.76	1.24	6.16	0.14	0.14	2.45	0.03	0.45	n.d.	n.d.	n.d.	
蜻蜓眼玻璃珠	黄色基体	植物灰钠钙玻璃	4.60	3.06	9.59	60.85	1.09	1.25	8.47	0.57	0.14	1.70	0.01	0.22	5.50	0.19	2.76	047左下
	白色眼圈	植物灰钠钙玻璃	1.17	2.11	9.72	66.90	1.11	1.28	8.29	0.54	0.18	2.75	0.03	0.40	1.42	0.29	3.82	
人头形玻璃串珠	蓝色	泡碱型钠钙玻璃	9.04	0.45	2.25	78.71	0.72	1.00	5.79	0.20	0.69	0.77	0.08	0.30	n.d.	n.d.	n.d.	054右中
	人面黄色	泡碱型钠钙玻璃	4.93	0.31	4.01	74.82	0.92	1.32	7.95	0.33	0.83	1.48	0.10	0.44	2.28	n.d.	0.28	
双面人头纹玻璃瓶	底部1	泡碱型钠钙玻璃	0.59	0.99	2.85	80.34	0.96	0.65	7.49	0.49	3.00	2.57	n.d.	0.08	n.d.	n.d.	n.d.	077
	底部2	泡碱型钠钙玻璃	0.42	0.94	2.83	80.60	0.90	0.62	7.65	0.49	2.92	2.55	n.d.	0.09	n.d.	n.d.	n.d.	
夹金玻璃串珠	珠体	泡碱型钠钙玻璃	18.53	1.20	2.32	65.82	0.52	0.95	8.66	0.21	1.55	0.22	n.d.	n.d.	n.d.	n.d.	n.d.	079
千花玻璃片	蓝色	泡碱型钠钙玻璃	1.49	n.d.	8.41	77.71	0.74	1.80	6.81	0.22	0.56	1.81	0.08	0.23	0.14	n.d.	n.d.	081中
	白色-蓝色	泡碱型钠钙玻璃	n.d.	n.d.	7.67	77.25	0.93	1.44	8.04	0.25	0.74	1.42	0.05	0.23	0.33	0.22	1.44	
千花玻璃片	蓝色	泡碱型钠钙玻璃	n.d.	n.d.	2.92	85.97	1.10	1.08	6.73	0.20	0.15	0.42	n.d.	0.12	0.08	n.d.	1.24	081左下
千花玻璃片	蓝色	泡碱型钠钙玻璃	8.90	0.46	2.83	72.07	0.74	1.17	8.93	0.28	1.07	1.72	0.04	0.53	1.25	n.d.	n.d.	081右上
	黄色	泡碱型钠钙玻璃	7.88	0.31	2.43	73.69	0.85	1.05	8.24	0.26	0.95	1.78	0.05	0.95	1.04	0.26	0.28	
夹金玻璃串珠项链	残	植物灰钠钙玻璃	8.63	2.21	3.02	71.98	3.41	0.97	7.19	0.24	1.66	0.62	n.d.	0.06	n.d.	n.d.	n.d.	092下
夹金玻璃串珠项链	蓝色	植物灰钠钙玻璃	14.71	4.66	9.60	56.02	1.27	3.19	7.07	0.29	0.16	0.75	0.01	1.23	0.57	0.16	0.31	092上右一
	另一面蓝色	植物灰钠钙玻璃	10.85	3.63	7.71	62.22	1.31	2.98	6.50	0.27	0.16	0.84	n.d.	1.79	0.94	0.20	0.60	
	黄白蓝	泡碱型钠钙玻璃	14.92	0.78	2.26	68.54	0.72	0.67	7.79	0.24	1.00	0.81	0.11	0.26	1.36	0.15	0.38	
	浅绿色	泡碱型钠钙玻璃	3.59	0.28	2.63	82.19	0.72	0.89	8.24	0.21	0.61	0.55	n.d.	0.08	n.d.	n.d.	n.d.	
	浅蓝	泡碱型钠钙玻璃	9.98	0.84	3.46	75.66	1.08	1.46	5.78	0.20	0.70	0.74	n.d.	0.09	n.d.	n.d.	n.d.	
镶嵌用的玻璃	红色1	泡碱型钠钙玻璃	5.52	0.29	2.14	58.28	1.44	0.49	2.13	0.40	0.15	0.14	0.04	10.13	18.85	n.d.	n.d.	100左下
	红色2	泡碱型钠钙玻璃	6.78	0.58	2.41	57.10	1.60	0.57	2.60	0.43	0.15	0.18	0.05	9.75	17.81	n.d.	n.d.	
	底面绿色	泡碱型钠钙玻璃	1.11	0.33	3.87	82.33	1.06	1.78	3.07	0.31	0.79	2.00	0.01	1.60	1.74	n.d.	n.d.	

续表

名称	测试区域	玻璃体系	Na$_2$O	MgO	Al$_2$O$_3$	SiO$_2$	P$_2$O$_5$	K$_2$O	CaO	TiO$_2$	MnO	Fe$_2$O$_3$	CoO	CuO	PbO	SnO$_2$	Sb$_2$O$_3$	页码
马赛克人面玻璃珠	白色基体	泡碱型钠钙玻璃	11.05	0.47	2.42	64.63	0.94	0.80	6.06	0.32	0.78	1.00	0.03	0.18	8.22	0.28	2.83	105右三
	蓝色人面	泡碱型钠钙玻璃	16.05	0.78	2.37	61.71	0.84	1.03	6.40	0.35	1.25	0.70	0.02	0.09	5.41	0.25	2.75	
马赛克植物图案玻璃装饰板	中间部位	泡碱型钠钙玻璃	10.47	0.59	2.70	67.47	0.96	1.14	6.26	0.45	1.37	2.32	0.08	1.21	2.92	0.29	1.78	108
	边缘	泡碱型钠钙玻璃	9.51	0.73	3.10	70.22	0.88	1.02	5.91	0.48	1.44	3.50	0.11	0.36	1.40	0.18	1.17	
双耳玻璃瓶	口沿处银色	植物灰钠钙玻璃	n.d.	n.d.	8.20	82.63	0.67	3.54	1.19	0.20	0.94	1.78	0.05	0.16	n.d.	0.19	0.45	111左
	腹部黄色	植物灰钠钙玻璃	n.d.	n.d.	7.20	80.63	1.70	3.32	2.05	0.25	0.70	2.14	0.02	0.16	1.34	n.d.	0.49	
高足玻璃杯	底部1	植物灰钠钙玻璃	1.35	0.18	4.99	81.74	0.72	2.27	6.31	0.23	1.24	0.87	n.d.	0.10	n.d.	n.d.	n.d.	116
	底部2	植物灰钠钙玻璃	1.01	0.19	5.26	81.44	0.74	2.61	6.21	0.24	1.26	0.92	n.d.	0.11	n.d.	n.d.	n.d.	
	底部3	植物灰钠钙玻璃	1.62	0.20	5.05	81.76	0.68	2.07	6.32	0.23	1.18	0.81	n.d.	0.09	n.d.	n.d.	n.d.	
玻璃盘	底部1	泡碱型钠钙玻璃	13.25	0.50	2.38	71.90	0.73	0.85	8.65	0.23	0.98	0.47	n.d.	0.05	n.d.	n.d.	n.d.	118上
	底部2	泡碱型钠钙玻璃	13.11	0.48	2.27	72.15	0.73	0.86	8.67	0.23	0.98	0.47	n.d.	0.05	n.d.	n.d.	n.d.	
凸脊纹玻璃碗	底部1	泡碱型钠钙玻璃	1.42	n.d.	5.34	82.73	0.84	1.48	6.65	0.21	0.47	0.51	n.d.	0.12	0.24	n.d.	n.d.	120下
	底部2	泡碱型钠钙玻璃	6.64	n.d.	2.27	81.78	0.77	0.75	6.54	0.19	0.46	0.42	n.d.	0.08	0.09	n.d.	n.d.	
模具铸造玻璃杯	口沿	泡碱型钠钙玻璃	0.20	0.25	4.23	67.93	1.51	1.12	6.37	0.49	0.63	0.95	0.01	0.21	12.07	0.30	3.73	123右上
焰火纹千花玻璃碗	圜底1	泡碱型钠钙玻璃	2.45	0.73	4.43	74.73	0.83	1.79	8.03	0.72	2.10	1.26	n.d.	0.15	2.77	n.d.	n.d.	138
	圜底2	泡碱型钠钙玻璃	3.74	0.47	4.04	76.46	0.72	1.66	7.19	0.35	2.13	1.19	n.d.	0.12	1.94	n.d.	n.d.	
	近底部	泡碱型钠钙玻璃	3.25	0.31	3.73	79.92	0.79	1.64	6.28	0.24	2.22	1.22	n.d.	0.11	0.27	n.d.	n.d.	
长颈玻璃瓶	底部1	泡碱型钠钙玻璃	8.12	0.27	1.74	79.22	0.71	0.66	8.42	0.22	0.17	0.40	n.d.	0.06	n.d.	n.d.	n.d.	148右
	底部2	泡碱型钠钙玻璃	7.92	0.23	1.94	78.79	0.77	0.68	8.69	0.23	0.22	0.46	n.d.	0.07	n.d.	n.d.	n.d.	
斑点杯形玻璃灯	底部2	泡碱型钠钙玻璃	2.91	0.25	2.53	81.87	0.65	1.00	8.33	0.24	1.44	0.70	n.d.	0.07	n.d.	n.d.	n.d.	166左
	腹部-蓝色装饰	泡碱型钠钙玻璃	2.99	n.d.	3.00	81.75	0.71	0.97	6.26	0.23	1.45	2.01	0.06	0.41	0.15	n.d.	n.d.	
凹圆形磨花玻璃碗	底部	植物灰钠钙玻璃	0.75	2.75	3.38	82.86	1.03	2.01	5.64	0.24	0.33	0.90	n.d.	0.10	n.d.	n.d.	n.d.	188上
凸圆纹磨花玻璃碗	口沿	植物灰钠钙玻璃	4.47	1.31	4.52	76.95	1.03	2.85	6.95	0.32	0.14	1.28	n.d.	0.11	0.07	n.d.	n.d.	193
磨花玻璃盘	底部	泡碱型钠钙玻璃	5.93	0.06	4.24	75.22	0.75	1.62	9.54	0.25	1.33	0.94	n.d.	0.08	0.03	n.d.	n.d.	205下
	近底部	泡碱型钠钙玻璃	8.06	0.22	4.15	72.85	0.76	1.48	9.83	0.25	1.37	0.92	n.d.	0.07	0.04	n.d.	n.d.	
自由吹制带把玻璃瓶	底部1	植物灰钠钙玻璃	10.95	4.13	3.02	68.12	0.86	4.03	6.37	0.29	1.30	0.88	n.d.	0.06	n.d.	n.d.	n.d.	216上
	底部2	植物灰钠钙玻璃	13.94	4.68	3.09	64.51	0.81	4.03	6.45	0.29	1.33	0.82	n.d.	0.04	n.d.	n.d.	n.d.	
磨花盘口折肩平底玻璃瓶	中间腹部	植物灰钠钙玻璃	4.41	1.59	4.37	77.21	0.89	3.32	5.91	0.28	0.20	1.63	0.02	0.18	n.d.	n.d.	n.d.	225
	底部	植物灰钠钙玻璃	5.32	2.26	4.03	73.38	3.13	3.02	6.21	0.34	0.21	1.92	0.02	0.17	n.d.	n.d.	n.d.	

附表二

中国古代玻璃主要制造工艺表

名称	年代	来源	制作工艺	技术流程	实物图片
蜻蜓眼玻璃珠	战国	曲阜鲁国故城遗址	蜻蜓眼复眼技术工艺；冷琢法；填料熔融工艺	先用缠绕法或其他方法做出素珠坯，再趁热用蓝、白两色的玻璃料棒熔融后依次叠加黏附压平，制作出同心圆状的眼纹，待珠体完全冷却后，用工具在眼纹之间的空白处切出菱形的沟槽，再将黄色粉末状玻璃料填入沟槽，最后重新加热至黄色填料熔融紧密黏附固定。	
玻璃串珠	战国	1990年长沙浏城桥M2	缠绕法	用半熔融的玻璃料棒在金属棍或泥棒上依次缠绕闭合，制成有穿孔的珠子。	
玻璃印章	战国	1956年长沙左家公山M41	模具铸造法；冷琢法	首先雕刻或在软泥上按压出有印面图案的模具，再将热熔的玻璃料倒入模具中，充分填充模具至冷却，待完全冷却后，用冷琢的方式加工出印身及打出可供系佩的穿孔。	
双面谷纹玻璃璧	战国		双面压模铸造法	首先制作饰有阴纹的上下两块模具，再将熔融的玻璃料倒入模具之间，趁玻璃呈半熔融状态的时候，迅速将两块模具闭合，使得半熔融的玻璃料紧密填充模具各处，待冷却后取出所得器物，切削去边缘多余部分即可。	
单面云纹玻璃璧	战国	湘乡东郊公社太乙塘	单面压模铸造法；冷琢法	首先制作单面饰有阴纹的模具，将熔融的玻璃料倒入模具，使其自然流平紧密填充模具，待冷却后取出所得器物，切削去边缘多余部分，再用砣具或刻刀逐个按玉器加工工艺制作出云纹。	
单面谷纹玻璃璧	战国	长沙丝茅冲	单面压模铸造法	首先制作单面饰有阴纹的模具，将熔融的玻璃料倒入模具，使其自然流平紧密填充模具，待冷却后取出所得器物，切削去边缘多余部分。	
蓝色玻璃耳珰	东汉	1979年长沙市省水电局M3	合模铸造法；冷琢法	先制作具有器物外形的闭合中空模具，再将熔融的玻璃料填入其中，待冷却后取出，通过冷琢工艺将器物夹持在简易车床工具上，旋雕修整出光滑外形，最后再用穿孔工具钻出孔道。	

续表

名称	年代	来源	制作工艺	技术流程	实物图片
胜形玻璃串珠	东汉	广西合浦九只岭M6a	冷琢法	取一块干净完整且大小合适的玻璃料，用宝石加工的冷琢方法做出器物外形并抛光，最后使用穿孔工具钻出孔道。	
玻璃带钩	西汉	1954年广州东北郊横枝岗M2	热塑形法	用金属棒挑起一团半熔融的玻璃料，趁未冷凝半固化状态时，使用夹具夹持玻璃，以拉伸、碾轧、捏塑修形、弯折等手法制作出器物外形，待冷却后切除与金属棒相连部分，修整抛光即可得到成品。	
蓝色弦纹玻璃杯	西汉	1991年广西贵港深钉岭（孔圣岭）M12	压模铸造法；冷琢法	制作具有器物粗坯外形的模具，将热熔的玻璃料填入模具之间并闭合模具，使得玻璃料充分填入模具之间的空隙，得到玻璃杯粗坯，待完全冷却后，用冷琢工艺切出杯身弦纹及口缘等装饰，并修饰内、外壁至光滑。	
蓝色玻璃珠串	东汉	广西合浦母猪岭	拉制法	使用中空金属粗管挑起一团半熔融的玻璃料，从一头用金属钩拉动棒状的"成孔器"，拉出中空的玻璃棒料，趁半冷凝状态时，用工具依次将中有孔道的棒料切片制成珠子。	
玻璃戒指	隋	长沙陆家冲M3	缠绕法；热塑形法；冷琢法	将热熔的玻璃料缠绕在粗细合适的金属棒或泥棒上做出环状粗坯，在未完全冷凝的状态下，将玻璃环粗坯的一侧压平做成戒面，待完全冷却固化后，将这个平面切削打磨平整。	
白色玻璃发钗	南宋	1953年长沙南门广场M54	热塑形法	用两根金属棒挑起一团半熔融的玻璃料，像拉拉面一样，拉出粗细均匀的玻璃棒料，待冷却凝固后，再次加热棒料中部，使其弯折并将两侧相互靠拢制成U形钗头，最后再次加热钗坯的两端头至熔融并拉伸分离，自然形成尖细状的钗尖。	
国产钾铅硅酸盐玻璃圜底广口小瓶	北宋	江苏南京大报恩寺塔基	自由吹制法；冷琢法	用中空金属管挑起一团熔融的玻璃料，吹入空气使其膨胀为中空的玻璃泡，使用金属夹具塑出瓶颈与瓶底，再用另外一根金属棒黏附少许熔融玻璃料黏于瓶底处，移除瓶口金属棒，并热塑出瓶口，最后将金属棒移除，得到完整玻璃瓶。待完全冷却后，用冷琢工艺在瓶身上刻画出纹饰图案。	

本书是同名展览"砂与火之歌——丝路玻璃文化展"配套图录。本展的主要展品来自日本平山郁夫丝绸之路美术馆，这些展品在全国已经巡展三站，为了做出第四站长沙站的特色，策展组成员从接到策展任务到开展的短短4个月时间内，利用业余时间广泛搜罗国内外相关资料并进行了深入研究，确定展览思路和主题，明确展览要达到三个目的：一是要使观众了解世界玻璃特别是中国玻璃的发展历程及两者之间的关系；二是要让观众知道每件玻璃是采用何种工艺制作出来的；三是要让观众懂得每件玻璃器的功用及其背后的文化内涵。我们希望观众通过这个展览，能看懂玻璃的过去及其在文明进程和文化传播交流中的作用，不仅仅是一次世界古代玻璃器的艺术欣赏，更应该是今人与古代玻璃制作人的一次心灵对话。

本展览的成功举办，得益于多方的大力支持，日本国驻华大使馆、中国文物交流中心、中共长沙市委宣传部、长沙市文化旅游广电局、日本黄山美术社为展览保驾护航、提供便利；日本平山郁夫丝绸之路美术馆、长沙博物馆、湖南博物院、合浦汉代文化博物馆、甘肃省文物考古研究所、南越王博物院、广州博物馆、广州市文物考古研究院、南阳文物保护研究院、北京鉴钟文化传播有限公司为展览成功落地、按期举办贡献了各自的力量。尤其是长沙博物馆，领导极为重视，上下同心协力，顺利完成了展览的各项工作。

这本图录是所有参与者集体劳动的结晶。策展人喻燕姣对图录内容逐页进行了初排和全书文字的统稿、修订，助理策展人刘琦对大部分展品重新进行了拍摄。

内容撰写分工如下：刘琦负责了各单元玻璃制作工艺部分的撰写；许宁宁负责前言、结语的撰写；其他文物说明、单元说明及组说明的撰写是，王卉负责第一单元，李明洁负责第二单元，许宁宁、欧阳小红、申国辉、温星金负责第三单元，陈锐负责第四单元。湖南省文物考古研究院胡敏怡绘制了所有玻璃制作工艺图，王帅、任亭燕、庞若溪、依家和、彭柯鸣等参与了展览文字的校对，陈华丽、武静怡、彭诗琦、贺鸣萱、罗鑫妮、陈巧敏、黄翠莹、杨知行和黄晨曦参与了图录文字的校对。

国家社科基金重大项目"汉代海上丝绸之路沿线国家考古遗存研究及相关历史文献整理(项目批准号:21&ZD235)"为有关玻璃器的研究提供了必要支持。中国科学院上海光学精密机械研究所对部分玻璃器进行了科技检测，成果收录在本图录中，弥补了展览的不足并成为本书一大亮点。

此外，本展览图录的出版要感谢广西美术出版社的大力支持，感谢责任编辑覃祎的尽职尽责、精心编辑。

在此，特向为本展览付出辛勤劳动的所有人致以崇高的敬意！

是记。

"砂与火之歌——丝路玻璃文化展"项目组
2023年9月

图书在版编目（CIP）数据

砂与火之歌：丝路玻璃文化 / 喻燕姣主编；长沙博物馆编. —南宁：广西美术出版社，2023.12
ISBN 978-7-5494-2737-6

Ⅰ. ①砂… Ⅱ. ①喻… ②长… Ⅲ. ①玻璃器皿—文物—世界—图录 Ⅳ. ①K866.52

中国国家版本馆CIP数据核字（2023）第231935号

砂与火之歌——丝路玻璃文化
SHA YU HUO ZHI GE SILU BOLI WENHUA

喻燕姣　　主编
长沙博物馆　编

出 版 人　陈　明
终　　审　谢　冬
图书策划　龙　力
责任编辑　覃　祎
装帧设计　谢俊平
摄　　影　刘　琦　黄　翼（动脉影）
　　　　　朱　宇　金　明
责任校对　卢启媚
责任监制　黄庆云　莫明杰
出版发行　广西美术出版社
社　　址　广西南宁市望园路9号
邮　　编　530023
网　　址　www.gxmscbs.com
制　　版　广西朗博文化发展有限公司
印　　刷　雅昌文化（集团）有限公司
开　　本　889 mm×1194 mm　1/12
印　　张　24.33
字　　数　250千字
版　　次　2023年12月第1版
印　　次　2023年12月第1次印刷
书　　号　ISBN 978-7-5494-2737-6
定　　价　280.00元